Doris Röschmann

111 x Spaß am Abend

Heitere Spiele zur Auflockerung von Teilnehmern in Seminaren, Kursen und Freizeiten

Illustrationen Claudia de Weck

Windmühle GmbH · Verlag und Vertrieb von Medien

Die Deutsche Bibliothek – CIP-Einheitsaufnahme

Röschmann, Doris:
111 × Spass am Abend: Heitere Spiele zur Auflockerung von Teilnehmern in Seminaren, Kursen und Freizeiten / [Doris Röschmann]. – Hamburg: Windmühle, Verl. und Vertrieb von Medien, 1991.
ISBN 3-922789-41-2
NE: Röschmann, Doris: Hundertelfmal Spass am Abend; Hundertelfmal Spass am Abend; HST

1. Auflage 1991

Printed in Germany
ISBN 3-922789-41-2

Vorwort

Welcher Trainer oder Seminarleiter kennt nicht die Situation, sich nach einem langen Seminartag auch noch für eine gelungene Abendgestaltung verantwortlich zu fühlen? Dann wünscht man sich einen Abend, der das Erleben in und mit der Gruppe vertieft und Spaß nicht nur für die nächsten Stunden vermittelt. Aus solcher Stimmung heraus können die schönsten Spielabende voller guter Laune entstehen.

Viele Trainer kennen auch eine Sammlung immer wieder bewährter und beliebter Spiele-Dauerbrenner, zu denen vielleicht "Willi" gehört oder "Wer ist Herbert Wehner". Mancher erlebt dann aber auch, daß fleißige Seminarbesucher alles schon aus dem FF spielen oder die Pointen, die ein Spiel erst erfolgreich machen, bereits als alten Zopf empfinden. In solchen Momenten entsteht der Wunsch nach neuen Spielideen.

Mit dieser Spielesammlung möchte ich Sie anregen, die "abgebrannten" Spiele durch neue, z.T. unbekannte und auch unkonventionelle Spiele zu ergänzen.

Das Angebot an Spielen ist groß und vielfältig: Es reicht von Anwärmspielen bis zu Zaubertricks, von Spielen für Gartenparties bis zu Kindergeburtstagen. Die Spiele für dieses Buch habe ich einzig im Hinblick auf die spezifische Situation von Seminaren und Trainings ausgewählt. Dazu finden Sie in diesem Buch:

- Spiele für eine Gruppengröße von 8 -20 Teilnehmern.
-Spiele, die man spontan einsetzen kann, die keiner allzu langen Vorbereitungszeit bedürfen und größtenteils ohne viele Hilfsmittel zu spielen sind.
- Spiele, die Spaß machen: der eventuelle Lerneffekt oder psychologische Hintergrund soll nicht im Vordergrund stehen.
- Spiele, bei denen keiner ausgetrickst wird, d.h. es wird keiner "geduscht" oder tritt sonstwie ins Fettnäpfchen zur Freude der anderen.
- Spiele für drinnen: in einem Seminarraum üblicher Größe (ca. 50 qm) oder an einem großen Tisch.

Wie auch immer Sie diese Sammlung einsetzen - als Rettungsanker oder Standardausrüstung in Ihrem Seminarkoffer - ich wünsche allen Spielmeistern den Mut, unbekannte Spiele zu erproben und viele anregende, fröhliche und unvergeßliche Spieleabende.

An dieser Stelle möchte ich mich bei all' denen herzlich bedanken, die mich auf dem Weg zu diesem Buch unterstützt haben und ganz besonders bei: Karin Meinhardt und Antje Klemz für die erste Spurensuche. Rita Bolte und Hermann Weber, die mich ein weiteres Mal geduldig und immer wieder mit Rat und Tat betreut haben und Olaf Klindtwort für seine ganzheitliche Begleitung.

Doris Röschmann im August '91

Einleitung

Wie das Buch aufgebaut ist:

Die vier Kapitel bilden eine erste inhaltliche Orientierung über die Spielformen Kommunikationsspiele, Bewegungsspiele, Bandwurmspiele und Rätselspiele. Die Nilpferde in der rechten oberen Ecke tragen in jedem Abschnitt eine anders gemusterte Hose, anhand der sie erkennen, in welcher Spielkategorie Sie sich befinden.

Zu jedem Spiel finden Sie Bemerkungen über benötigte Hilfsmittel und in einigen Fällen Informationen, worauf Sie besonders achten sollten.
Die Angaben zu günstigen Spielerzahlen und zur Anzahl der Spielrunden können Sie als Richtwerte verstehen. Bei den Rätselspielen habe ich auf diese Daten verzichtet, da Rätsel nicht an eine bestimmte Spielerzahl gebunden sind.

Wie Sie das Buch benutzen können:

Wenn Sie einen Spieleabend vorbereiten, benötigen Sie Zeit, um Spiele zu sichten, auszuwählen, eine Reihenfolge festzulegen und benötigte Hilfsmittel zu besorgen.

Es erweist sich immer wieder als sinnvoll, sich zu den einzelnen Spielen Stichpunkte zu notieren, anhand derer Sie der Gruppe das Spiel erklären können. Nichts ist für die Teilnehmer öder und den Spielleiter anstrengender, als wenn zwischen den einzelnen Spielen lange Abstimmungsprozesse über das weitere Vorgehen erfolgen und endlose Vorbereitungen getroffen werden müssen. Nicht nur dann geht die Luft raus, sondern spätestens auch in dem Moment, wenn die Spielinstruktionen vorgelesen werden.

Um dem Abend die nötige Dynamik und Abwechslung zu geben, ist es sinnvoll ein buntes Mix aus den Spielen der verschiedenen Spielkategorien zusammenzustellen, das Programm flexibel zu gestalten und auch Raum für spontane Spielideen der Teilnehmer zu lassen.

Jeder Spielleiter hat persönliche Vorlieben und jede Seminargruppe bevorzugt andere Spiele. Eine große Hilfe für die Planung zukünftiger Spieleabende schaffen Sie sich, wenn Sie Ihre Erfahrungen mit den einzelnen Spielen kurz am Rand notieren und auf diese Weise Ihre persönlichen Flops und Hits wiederfinden.

Sie können sämtliche Spiele im Original übernehmen oder nach den Bedürfnissen und Wünschen der Gruppe verändern. Ich verstehe die Spiele auch als Anregung und möchte Sie animieren, sie nach herzenslust umzugestalten.

Inhaltsverzeichnis

Bewegungsspiele

Zur Kategorie der Bewegungsspiele gehören Spiele, bei denen die Teilnehmer nicht am Tisch sitzen. Die verbale Kommunikation spielt eine untergeordnete Rolle.
Bewegungsspiele eignen sich hervorragend für den Anfang eines Spieleabends, vor allem nach einem kognitiv orientierten, bewegungsarmen Seminartag.
Ein großer Raum mit Teppichboden ist wichtig. Findet der Spieleabend im Seminarraum statt, räumen Sie alle Gegenstände und Möbel an den Rand, um eventuelle Stolperquellen bei turbulenteren Spielen von vornherein auszuschalten.

Marionetten

Die Spieler bilden zwei Gruppen: Puppenspieler und Marionetten. Je ein Puppenspieler steht einer Marionette gegenüber. Puppenspieler und Marionette sind durch imaginäre Fäden verbunden: Von der Hand des Puppenspielers läuft ein Faden zu dem Körperteil der Marionette, das der Puppenspieler mit seinem Blick anvisiert.
Der Puppenspieler tut so, als zöge er am Faden und die Marionette reagiert mit entsprechenden Bewegungen.
Nach ca. 5 Minuten werden die Rollen getauscht.

Variante: Die "widerspenstige Marionette" macht genau das Gegenteil von dem, was ihr Puppenspieler möchte. Anstatt den Arm zu heben, läßt sie ihn sinken....

Günstige Spielerzahl: 6 - 30
Spielrunden: 2

Kurzschluß

Der Spielleiter erklärt alle Teilnehmer zu kleinen Elektronen, die zu einem fließenden Stromkreis gehören. Doch auch der "Kurzschluß" befindet sich im Raum. Keiner weiß, wo er steckt, weil er durch das Los bestimmt wird. Der Kurzschluß erfaßt die Spieler durch Anzwinkern mit den Augen. Wird ein Spieler vom Kurzschluß überrascht, beginnt er, mit dem ganzen Körper zu zittern und mit einem gequälten Laut sinkt er in sich zusammen. So geschieht es bei mehreren Spielern. Hat ein Teilnehmer einen Verdacht, wer den Kurzschluß auslöst, kann er ihn äußern, vorausgesetzt, er findet einen weiteren Spieler, der den gleichen Verdacht hegt (..leise Verständigung möglich!). Erweist sich der Verdacht als falsch, müssen auch sie zu Boden sinken. Der Kurzschluß kann weiterwirken, bis alle am Boden liegen oder zwei andere Elektronen ihn ertappen.

Günstige Spielerzahl: 12 - 20
Spielrunden: 1 - 2

Pantoffelspiel

Alle Spieler sitzen auf dem Boden im Kreis, haben einen Schuh vor sich und summen irgendeine rhythmische Melodie, z.B. Ta ra ta / Ta ra ta / Ta ra ta ta ta ta ta (die unterstrichenen Silben werden betont).
Alle klopfen in diesem Rhythmus mit ihrem Schuh auf den Boden und reichen diesen bei jeder betonten Silbe an ihren Nachbarn weiter. Vor den Spielern, die aus dem Takt geraten, häufen sich die Schuhe. Der Spielleiter kann die Richtung mitten im Spiel mit einem vorher vereinbarten Signal plötzlich ändern, dadurch erhöht sich noch der Spaß.
Geübte können das Pantoffelspiel auch mit geschlossenen Augen oder im Stehen spielen.

Günstige Spielerzahl: 8 - 20

Hund

"Hund" kann man nur einmal spielen. Der Spielleiter darf den Namen des Spieles nicht verraten. Er bereitet für jeden Mitspieler ein Los vor. Auf jedem Los steht das Wort "Hund".
Jeder Spieler zieht ein Los aus einer Schachtel mit den erläuternden Worten, daß auf jedem Zettel ein Tiername steht, den jeder für sich geheimhalten soll.
Dann stellen sich alle im Kreis auf und haken sich fest mit den Armen ein. Der Spielleiter erzählt, daß er einzelne Tiernamen aufrufen wird. Der Spieler mit dem entsprechenden Los muß sich ganz schnell fallenlassen. Die Nachbarn haben die Aufgabe, das zu verhindern, indem sie ihn kräftig festhalten. Bevor es aber endgültig losgeht, übt der Spielleiter mit der Gruppe: Er gibt drei Spielern irgendwelche möglichst exotischen Tiernamen (z.B. Wapiti, Ameisenbär, Salamander). Mit diesen drei Tieren übt er eine

Weile und animiert die Mitspieler, sich noch schneller fallen zu lassen bzw. die Nachbarn, den Spieler noch besser festzuhalten. Nach ausreichender Übung, eventuell einer zweiten Übungsrunde, kann nun das eigentliche Spiel losgehen!
Der Spielleiter ruft: "Hund"...

Günstige Spielerzahl: 10 - 20
Spielrunden: 1 !

Reise nach Timbuktu

Die Spieler sitzen im Kreis, ein Freiwilliger sitzt in der Mitte.
Da es bei diesem Spiel turbulent zugehen kann, sollten hinter dem Stuhlkreis möglichst keine Tische, Stühle oder andere Gegenstände stehen. Der Spielleiter verteilt Lose mit entsprechend der Spielerzahl fortlaufend numerierten Zahlen, die den anderen verborgen bleiben. Der Spieler in der Mitte ruft zwei Nummern aus, z.B. 11 und 17. Die Spieler mit den Nummern 11 und 17 müssen nun die Plätze tauschen. Der Spieler in der Mitte versucht, einem der beiden zuvorzukommen und dessen Platz einzunehmen. Spieler 11 und 17 kennen sich ja nicht. Deswegen müssen sie sich vor dem Platzwechsel verständigen, ohne daß der Spieler in der Mitte etwas merkt. Schafft der Spieler in der Mitte es, einen Platz zu erreichen, nimmt der Übriggebliebene seine Stellung ein. Die beiden aufgerufenen Spieler haben genau 1 Minute Zeit (der Spielleiter

achtet auf die Zeit), ihre Plätze zu tauschen. Haben sie es bis dahin nicht geschafft, muß der Spieler mit der niedrigeren Nummer in die Mitte. Nach 2-3 Runden müssen die Nummern neu verteilt werden, da sie den Spielern inzwischen bekannt sind.

Günstige Spielerzahl: 12 - 16

Der weiße Elefant

Alle sitzen im Kreis. Jedes Gruppenmitglied überlegt sich ein Tier und ein charakteristisches Merkmal dazu, das sich pantomimisch darstellen läßt, zum Beispiel Krokodil (Maul aufreißen) oder Faultier (mit allen Vieren am Baum hängen). Einer im Kreis ist der weiße Elefant. Sein Merkmal ist natürlich der Rüssel: Er streckt in Nasenhöhe seinen rechten Arm nach vorne aus und faßt sich mit der linken um die ausgestreckte Rechte herum an die Nase.

Wenn alle sich pantomimisch "vorgestellt" haben, beginnt der weiße Elefant, ein anderes Tier "aufzurufen", indem er erst seinen Rüssel schlenkern läßt und dann die Symbolik des Aufgerufenen darstellt, z.B. Maul aufreißen. Das Krokodil reagiert, indem es sein eigenes Merkmal zeigt. Dann ruft es selber ein anderes Tier auf, z.B. den Löwen (laut und ausgiebig gähnen). Wenn jemand einen Fehler macht oder zu langsam reagiert, nimmt

er den Platz zur Rechten des weißen Elefanten ein, und alle übrigen rücken einen Platz nach rechts, näher zum weißen Elefanten. Dieser behält als einziger seinen Platz. Mit der Übernahme des neuen Platzes übernimmt auch jeder das Tier, das zuvor dort seinen Sitz hatte. Der weiße Elefant beginnt wieder, ein Tier aufzurufen usw. bis der nächste einen Fehler macht. Dann übernimmt derjenige, der den Fehler gemacht hat, den letzten Platz, alle anderen rücken wiederum eins nach rechts und schlüpfen in das Tier, das dort seinen Platz hatte. Wenn der weiße Elefant einen Fehler macht, geht es ihm natürlich genauso, und sein linker Nachbar übernimmt die Rolle des weißen Elefanten.
Das Spiel geht so lange, bis totale Verwirrung herrscht, weil keiner mehr weiß, wer er ist.

Günstige Spielerzahl: 8 - 12
Spielrunden: 1

Mach etwas für mich

Der Spielleiter bereitet entsprechend der Spieleranzahl Aufgabenkärtchen vor.

Beispiele:

- "Laß Dir einen Urlaubstip geben."
- "Laß den Partner Wasser trinken."
- "Laß den Partner den Papierkorb leeren."

Zu Beginn suchen sich alle Spieler einen Partner. Jeder zieht sich aus einer Schachtel ein Aufgabenkärtchen und liest es verdeckt. Die Partner müssen nun den anderen dazu bringen, das zu tun, was auf ihrem Aufgabenkärtchen steht, ohne ihm den konkreten Inhalt vorzulesen. Hat z.B. ein Spieler die Aufgabe: "Laß Dir einen Witz erzählen.", darf er nicht einfach seinen Partner bitten, ihm einen Witz zu erzählen. Statt dessen könnte er sagen: "Bring mich zum Lachen!" oder "Was findest Du komisch?" Hat ein Partner seine Aufgabe erfüllt, versucht der andere seinem Partner verständlich zu machen, was er von ihm möchte.

Günstige Spielerzahl: 8 - 20

Hasenohren

Alle Mitspieler stehen im Kreis. Ein Freiwilliger ist Pantomime und macht innerhalb des Kreises die Runde. Er kann dabei im Wechsel zwei Begriffe mit jeweils einer pantomimischen Geste darstellen (z.B. Hasenohren: Er berührt mit den Daumen seine Ohren und wackelt mit den anderen Fingern. Und Geige: Er streicht pantomimisch den Bogen an den Geigenseiten).
Je nachdem, welchen Begriff der Pantomime in der Mitte wählt, stellen alle anderen Spieler unverzüglich den zweiten Begriff dar.
Fängt der Spieler im Kreis an, Geige zu spielen, müssen die anderen mit ihren Hasenohren wackeln. Je rascher er die Gesten wechselt, desto größer ist die Wahrscheinlichkeit, daß ein Spieler nicht rechtzeitig die Geste ändert. Ertappt der Pantomime ihn, muß dieser in die Mitte und nun seinerseits versuchen, mit neuen Begriffen einen Spieler aus dem Kreis zu einem Fehler zu verleiten.

Günstige Spielerzahl: 10 - 20

Im Dschungel

Dieses Spiel führt die Gruppe in eine exotische Dschungelwelt. Dort gibt es Palmen, Elefanten und Affen, die jeweils von drei Personen dargestellt werden.

Elefant:
Ein Spieler stellt pantomimisch den Rüssel dar, zwei Spieler, ihm zur Seite, die wedelnden Ohren.

Palme:
Der mittlere Spieler stellt den langen Stamm dar, die beiden Spieler an der Seite sind die schwingenden Zweige.

Affe:
Die Affen treten immer nur zu dritt auf und reagieren mit der klassischen Antwort: Wir sehen nichts, wir hören nichts und sagen nichts, d.h. einer hält sich die Hände vor die Augen, einer hält sich die Ohren zu, der dritte hält die Hand vor den Mund.

Zunächst üben alle in Dreiergruppen, bis sie die neun verschiedenen Positionen im Schlaf können. Der Spielleiter ruft jeweils eine Figur auf, die Dreiergruppen variieren die Positionen.
Dann stellen sich alle Spieler im Kreis auf. Einer von ihnen ist "Tarzan" bzw. "Jane". Er steht in der Mitte und dreht sich mit ausgestrecktem Arm im Kreis, während die anderen durch Geräusche Dschungelatmosphäre aufkommen lassen. Tarzan (bzw. Jane) bleibt irgendwann stehen, zeigt mit dem Finger auf einen Spieler und ruft eine der Rollen aus, z.B. "Elefant". Der Spieler, auf den gezeigt wird, bildet immer die Mitte der aufgerufenen Figur, die benachbarten Spieler vervollständigen das Bild.
Alle übrigen Gruppenmitglieder rufen jetzt "Elefant, Palme, Affe". In dieser Zeit müssen die drei Elefantendarsteller in der richtigen Position stehen.
Wer zu langsam ist oder eine falsche Position einnimmt, wird zum Tarzan bzw. zur Jane der nächsten Runde.

Günstige Spielerzahl: 12 - 30

Vampire

Der Spielleiter bereitet entsprechend der Spieleranzahl Lose vor. Ein Los hat einen roten Punkt. Wer dieses Los zieht, wird zum Vampir.
Um die richtige Atmosphäre zu schaffen, kann der Spielleiter zu Beginn eine kleine Geschichte über Transsilvanien und seine Einwohner erzählen.
Dann gehen alle Spieler im völlig abgedunkelten Raum umher, unter ihnen der Vampir.
Trifft der Vampir auf einen Mitspieler, packt er ihn und stößt einen blutrünstigen Schrei aus. Sein Opfer wird ebenfalls Vampir und geht auch auf Opfersuche.
Treffen zwei Vampire aufeinander, verwandeln sie sich wieder in normale Sterbliche.
Das Spiel ist beendet, wenn alle zu Vampiren geworden sind, was selten eintritt, oder wenn es zu unheimlich wird.

Günstige Spielerzahl: 10 - 20
Spielrunden: 1 - 2

Prui

Wem die Vampire zu blutrünstig sind, kann es mit PRUI versuchen:
Der Spielleiter erzählt die Vorgeschichte:
"Alle Teilnehmer befinden sich auf einer Expedition im Weltall. Sie landen mit ihrem Raumschiff auf einem fremden Planeten. Auf diesem Planeten lebt ein Wesen. Dieses Lebewesen reagiert nur auf das Wort "PRUI", spricht aber selber nicht, sondern ist stumm."
Da es auf dem Planeten absolut dunkel ist, darf keine Lichtquelle den Raum erhellen
Alle Spieler gehen im Raum umher, unter ihnen auch PRUI, das vorher durch ein Los bestimmt wird. Begegnen sich zwei Mitspieler, begrüßen sie einander mit einem fragenden "PRUI?"
Trifft ein Spieler auf PRUI, das ihm nicht antwortet, weil es ja stumm ist, hat er sein Ziel erreicht. Die beiden fassen sich an den Händen und bilden eine Kette. Jeder weitere Spieler, der auf die PRUI-Kette trifft, schließt sich ihr an, bis alle zu PRUI geworden sind.

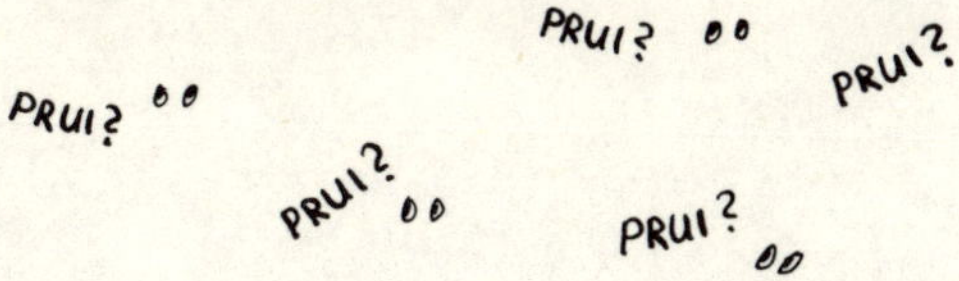

Variante: Sardinli, d.h. PRUI im Liegen oder auf allen Vieren. Es bleibt aber jedem Spielleiter überlassen, wie er PRUI weiter abwandeln will und welche Vorgeschichte er dazu erfindet.

Günstige Spielerzahl: 10 - 20
Spielrunden: 1

PRUI eignet sich gut für den Abschluß eines Spieleabends.

Virus 

Spielmaterial: Schaumgummiball

Ein Freiwilliger ist der "Virus", alle anderen sind "weiße Blutkörperchen". Der Virus hat einen Schaumgummiball in der Hand, mit dem er Jagd auf die weißen Blutkörperchen macht. Trifft er eines mit dem Ball, wird es unmittelbar inaktiviert und erstarrt in seiner Bewegung. Die erstarrten weißen Blutkörperchen können reaktiviert werden, indem zwei freie weiße Blutkörperchen es in ihre Mitte nehmen, mit den Armen einen geschlossenen Kreis bilden und "Kampf dem Virus" rufen. Fassen sich zwei befreite weiße Blutkörperchen an den Händen, sind sie immun, d.h. ihnen können die Angriffe des Virus´nichts mehr anhaben.
Wenn vier weiße Blutkörperchen es schaffen, den Virus zu umzingeln und gemeinsam "gesund, gesund" rufen, dann hat er ausgespielt.

Günstige Spielerzahl: 12 - 20
Spielrunden: 2 - 3

Gordischer Knoten

Alle Mitspieler stehen im Kreis und strecken ihre Hände in die Mitte. Dann greift jeder nach zwei Händen, jedoch nicht nach denen des unmittelbaren Nachbarn und nicht mit beiden Händen nur die Hände eines einzigen Teilnehmers.
Wenn jede Hand eine andere gefunden hat, besteht die Aufgabe der Gruppe darin, den entstandenen Knoten zu entwirren, ohne die Hände dabei wieder loszulassen, bis zum Schluß alle einen Kreis bilden.

Variante: Schlangengrube (siehe nächste Seite)

Günstige Spielerzahl: 10 - 20
Spielrunden: 1 - 2

Schlangengrube

Die Spieler bilden eine Schlange, indem sie sich der Reihe nach anfassen. Der Spieler an der Spitze schlängelt sich zwischen den anderen hindurch, steigt über Hände, kriecht auf dem Boden, krabbelt zwischen Beinen durch. Die Gruppe folgt ihm. Irgendwann nimmt er die freie Hand des Mitspielers am Schwanz der Schlange, so daß ein Knäuel ohne Ende entsteht. Die Gruppe muß das Knäuel nun entwirren, ohne dabei die Hände loszulassen.

Günstige Spielerzahl: 10 - 20

Spielrunden: 1 - 2

Das ist meine Nase

Alle Spieler gehen ziellos im Raum umher. Treffen sich zwei Mitspieler durch Blickkontakt, stellen sie sich einander gegenüber. Dann beginnt einer, indem er z.B. auf sein Ohr zeigt und sagt: "Das ist meine Nase". Sein Gegenüber zeigt nun auf ein beliebiges anderes Körperteil und erklärt: "Das ist mein Ohr". Er benennt also das Körperteil, auf das sein Partner vorher gezeigt hat. Der erste antwortet wiederum nach diesem Prinzip, bis einer durcheinandergerät. Allmählich wird auch das Tempo gesteigert, so daß die Wahrscheinlichkeit eines Fehlers wächst. Bei einem Fehler trennen sich beide, um sich einen neuen Partner zu suchen. Ist gerade kein anderer Mitspieler frei, kann man sich auch zu einem anderen Spielpaar stellen und versuchen, dieses durch stumme Gesten o.ä. aus dem Konzept zu bringen, um sich so einen neuen Spielpartner "freizuboxen". Das Spiel ist beendet, wenn entweder jeder mit jedem anderen Mitspieler zusammen war oder wenn die Luft raus ist.

Günstige Spielerzahl: 12 - 20

Ringlein-Ringlein

Alle Spieler bilden einen Kreis, ballen die Hände zu Fäusten und strecken sie in die Mitte. Ein Spieler, der "Detektiv", steht mit geschlossenen Augen in der Mitte. Die anderen lassen einen kleinen Gegenstand (z.B. Ring, Murmel) reihum von Hand zu Hand wandern. Dies soll möglichst unauffällig geschehen. Während die Kugel still weitergereicht wird, gibt der Detektiv ein Signal (z.B. Pfeifen) als Zeichen dafür, daß er die Augen öffnet. Er versucht, den Mitspieler aufzuspüren, der gerade die Kugel hat. Schöpft er bei einem Teilnehmer Verdacht, klopft er auf dessen Fäuste. Wer vom Detektiv mit der Kugel in der Hand ertappt wird, ist der nächste Detektiv. Sind die Hände des verdächtigten Teilnehmers jedoch leer, muß er weitersuchen. Jeder Detektiv erhält 3 Ratechancen, danach wird er von einem anderen Freiwilligen abgelöst.

Günstige Spielerzahl: 10 - 20

Spielrunden: 3 - 5

Jurtenkreis

Ein Jurtenzelt ist eine geniale Konstruktion mongolischer Nomaden, bei der das Dach und die Wände so aufeinandertreffen, daß ein stabiles Gerüst entsteht. In Anlehnung an diese Konstruktion kann eine gerade Anzahl von Mitspielern ein ähnliches Gebilde schaffen.

Alle Spieler bilden dazu einen Kreis, stellen sich Schulter an Schulter und fassen sich an den Händen. Dann zählen sie abwechselnd "innen", "außen", "innen", ...so daß jeweils ein "Innen"- und ein "Außen"-Mitspieler nebeneinanderstehen. Der Spielleiter gibt ein Kommando. Jeder beugt sich gemäß seiner Eigenschaft nach innen bzw. nach außen, ohne die Füße zu bewegen. Mit etwas Übung können sich alle ziemlich weit nach vorne oder hinten beugen, ohne umzufallen. Wenn die "Jurte" stabil steht, können alle versuchen, ihre Richtung zu wechseln, ohne dabei die Hände loszulassen, bis die Jurte in Bewegung gerät.

Günstige Spielerzahl: 12 - 20

Rhythmus-Maschine

Ein mutiger Spieler bewegt sich rhythmisch auf der Stelle, wie ein Teil einer Maschine, und stößt dazu passende Geräusche aus, z.B. Starten eines Automotors. Nach und nach treten andere Spieler hinzu, machen andere Bewegungen und andere Geräusche, bis sich alle angeschlossen haben zu einer großen Maschine, die sich rhythmisch und synchron bewegt.
Wenn der erste Spieler seinen Rhythmus beschleunigt, beschleunigen alle. Ebenso, wenn er den Rhythmus verlangsamt, bis die Maschine allmählich wieder zum Stillstand kommt.
Die Maschine kann auch Gefühle ausdrücken, z.B. freundlich, böse, wütend, zärtlich sein.

Günstige Spielerzahl: 6 - 20
Spielrunden: 1 - 2

Oh - Ah

Alle Mitspieler stehen im Kreis und fassen sich an den Händen. Ein Spieler beginnt, indem er einem Nachbarn kurz und fest die Hand drückt. Dieser gibt den Händedruck wiederum an den nächsten weiter. Wenn es läuft, wird das Tempo erhöht und ein Laut bei jedem Händedruck mitgesagt. Ein "Oh", wenn der Druck rechtsherum läuft und ein "Ah", wenn er linksherum läuft. Jeder kann die Richtung wechseln, indem man den Händedruck nicht weitergibt, sondern seinem Vordermann wieder zurückgibt, mit dem entsprechenden Vokal, der dann natürlich auch wechselt.
Geübte Gruppen können auch in zwei Richtungen zugleich Hände drücken.

Günstige Spielerzahl: 12 - 20

An der Wand

Bei diesem bekannten und beliebten (Kinder-) Spiel steht ein Spieler mit dem Gesicht zur Wand und zählt im Stillen langsam von Eins bis Drei.

Alle anderen stehen in einer Reihe an der gegenüberliegenden Wand. Während der Spieler an der Wand still zählt, versuchen die anderen, ihn zu erreichen. Sie dürfen sich aber nur so lange bewegen, wie er zählt. Sobald der Zähler die Drei erreicht hat, dreht er sich um, und alle müssen in ihrer jeweiligen Bewegung erstarren. Der Zähler wandert durch den Raum und schaut, ob alle still stehen. Wer sich bewegt, muß zum Ausgangspunkt zurück. Dann zählt er erneut von Eins bis Drei usw., bis einer den Zähler berührt und ihn in der nächsten Runde ersetzt.

Günstige Spielerzahl: 8 - 30

Spielrunden: 3 - 5

Die Mümmels

Der Spielleiter bereitet entsprechend der Spieleranzahl Zettelchen vor, auf denen verschiedene Namen stehen: Mümmel, Mimmel, Nummel, Mimmel, Memmel usw.
Jeder Name wird auf 4 Zettel geschrieben, so daß ein Name immer für eine Vierergruppe steht. Der Spielleiter gibt jedem Mitspieler einen Zettel. Die Namen müssen geheimgehalten werden. Die Spieler verteilen sich weit im Raum. Auf ein Zeichen hin beginnt jeder, immer wieder seinen Namen zu rufen, um die übrigen Namensvettern zu finden. Die Gruppe, die zuerst vollständig auf dem Boden sitzt, hat gewonnen.

Günstige Spielerzahl: 12 - 40
Spielrunden: 1

Roboter

Die Spieler bilden Dreiergruppen. Zwei aus der Gruppe stellen sich Rücken an Rücken und sind die "Roboter". Der Dritte ist ihr "Programmierer". Er kann seine Roboter durch Anticken auf die rechte oder linke Schulter starten. Die Roboter bewegen dann ganz robotertypisch Arme und Beine und gehen los: immer in die vorgegebene Richtung.

Durch erneutes Anticken kann der Programmierer die Roboter lenken. Ein sanfter Druck auf die linke Schulter bedeutet eine Drehung nach links. Entsprechend bedeutet ein Druck auf die rechte Schulter den Hinweis für den Roboter, sich nach rechts zu drehen.

Die Programmierer haben die Aufgabe, ihre Roboter wieder zusammenzuführen. Jedoch sollen sie sich dann frontal gegenüberstehen. Erst dann können sie wieder ausgeschaltet werden. Da die Roboter nach dem Startzeichen auseinandermarschieren, kann jeweils nur ein Roboter zur Zeit umprogrammiert werden.

Trifft ein Roboter auf ein Hindernis, tritt er solange auf der Stelle, bis sein Programmierer das Hindernis entfernt bzw. die Richtung umprogrammiert hat.
Gewinner ist der Programmierer, der seine beiden Roboter als erster wieder zusammengeführt und per Knopfdruck ausgeschaltet hat.

Günstige Spielerzahl: 12 - 18
Spielrunden: 1 - 3

Chaos-Management

Spielmaterial:
Wollknäuel, möglichst in unterschiedlichen Farben.

Vor Spielbeginn werden alle Fäden abgespult und kreuz und quer durch einen Raum gespannt, über und unter Möbeln oder sonstige Gegenstände, eventuell sogar durch mehrere Räume. Jeder Spieler erhält dann ein Fadenende. Auf ein Startkommando beginnen alle, ihren Faden zu einem Knäuel aufzurollen. Wer sich zuerst durch das Woll- und Spielergewühl "durchgewickelt" hat und am anderen Ende seines Fadens angekommen ist, hat gewonnen.

Als Zusatzidee für Geburtstagskinder:
Das Geburtstagskind findet am Ende seines Fadens eine kleine Überraschung.

Günstige Spielerzahl: 8 - 15

Nasenstaffel

Spielmaterial: 2 Streichholzschachtelhüllen

Die Gruppe bildet zwei Mannschaften. Jeweils die beiden ersten Spieler jedes Teams stecken sich die Hülle einer Streichholzschachtel auf die Nase. Auf ein Startkommando des Spielleiters sollen die Hüllen "per Nase" weitergereicht werden, ohne dabei die Hände zu benutzen.
Läßt jemand die Schachtel fallen, so muß er sie sich erst wieder selbst auf die Nase klemmen, bevor er sie seinem Nachbarn weitergeben darf. Gewonnen hat die Mannschaft, die am schnellsten die Hülle bis zum letzten Spieler weitergereicht hat.

Günstige Spielerzahl: 12 - 20
Spielrunden: 1

#Ieksstaffel

Spielmaterial: Mindestens zwei Packungen wohlschmeckender Kekse

Die Gruppe bildet zwei Mannschaften. Jede Mannschaft erhält eine Packung Kekse. Der erste Spieler jeder Staffel beginnt auf ein Startkommando hin, so schnell er kann, einen Keks zu essen. Erst, wenn er deutlich vernehmbar gepfiffen hat, darf er die Kekspackung weitergeben. Dann ißt der zweite Spieler einen Keks, pfeift, und so weiter bis zum letzten Spieler.

Günstige Spielerzahl: 10 - 20
Spielrunden: 1

Löffelstafette

Spielmaterial: Pro Spieler einen Teelöffel, pro Mannschaft ein Stückchen Riesenwürfelzucker

Die Gruppe teilt sich in zwei Mannschaften, die sich in zwei Reihen einander gegenübersitzen. Jeder hat den Griff eines Teelöffels im Mund. Aufgabe jeder Mannschaft ist es, ein Stück Würfelzucker vom Anfang bis zum Ende der Reihe weiterzureichen, ohne die Hände zu benutzen. Der Spielleiter legt den Zucker jeweils in den Löffel des ersten Spielers jeder Mannschaft. Diese geben es dann um die Wette von Löffel zu Löffel weiter.
Wenn das Zuckerstück herunterfällt, muß die Mannschaft von vorne beginnen.

Günstige Spielerzahl: 12 - 20
Spielrunden: 1

Handschuhrennen

Spielmaterial: Pro Mannschaft einen Schal, ein Paar Handschuhe, ein Hut oder eine Mütze

Die Gruppe teilt sich in zwei gleich große Mannschaften auf. Jede Mannschaft setzt sich auf eine Stuhlreihe nebeneinander. Um jede Stuhlreihe sollte ausreichend Lauffläche vorhanden sein. Jeweils die ersten Spieler einer Mannschaft erhalten einen Hut, ein Paar Handschuhe und einen Schal.
Auf ein Startkommando ziehen sie diese Requisiten schnell an, laufen einmal um die Stuhlreihe und geben alles an den nächsten Spieler weiter, der diesen Vorgang wiederholt. Das An- und Ausziehen der Winterbekleidung muß im Sitzen passieren.
Gewonnen hat die Mannschaft, die zuerst fertig ist und die Gegenstände beim Spielleiter abgegeben hat.

Günstige Spielerzahl: 12 - 20
Spielrunden: 1

Haguh!

"Haguh" ist ein traditionelles Spiel der Tinglit-Indianer. Sinngemäß übersetzt bedeutet Haguh: Komm her!

Es werden zwei Mannschaften gebildet, die sich in zwei Reihen gegenüberstehen und zwischen sich eine ca. 1 m breite Gasse frei lassen. Jeweils am rechten Ende der beiden Reihen tritt ein Herausforderer jedes Teams vor. Sie stehen sich gegenüber, verbeugen sich gemäß der Tradition und gehen mit einem auffordernden "Haguh" aufeinander zu, aneinander vorbei und reihen sich dann wieder am Ende in ihre Teamreihe ein.

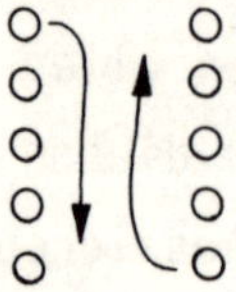

Während sie durch die Gasse gehen, dürfen sie nicht den Augenkontakt unterbrechen und keine Miene verziehen.

Die übrigen Spieler der beiden Teams versuchen währenddessen, den Herausforderer der gegnerischen Mannschaft mit allen möglichen "Faxen" aus der Reserve zu locken.

Erlaubt sind dabei Fratzen, Kichern, Worte, Fragen, jedoch keine Körperberührungen. Wer es schafft, ohne schmunzeln oder lachen durch die Gasse zu gehen, reiht sich am anderen Ende wieder bei seiner Mannschaft ein. Hat er nicht standgehalten, muß er zum gegnerischen Team wechseln.
Das Spiel ist beendet, wenn alle Spieler einmal die Gasse durchquert haben, wenn nur noch ein Team übrig bleibt oder wenn alle genug gelacht haben.

Günstige Spielerzahl: 12 - 20

Kommunikationsspiele

Zur Kategorie der Kommunikationsspiele zählen Denkspiele, Wortspiele, Reimspiele, Erzählspiele und Kontaktspiele.
Auch Kreativspiele mit Mal- und Zeichenaufgaben oder Pantomimen und andere Nonverbale-Spiele finden Sie in diesem Kapitel.

Für die meisten Spiele benötigen Sie ausreichend Papier und Stifte.

Eier
können fliegen!

Spielmaterial: Pro Kleingruppe:

- 2 rohe Eier
- ca. 4 m Band
- 1 Rolle Tesafilm
- 2 Blatt Papier (40 x 40 cm)
- 2 Luftballons

Vorraussetzung für dieses Spiel ist ein Gebäude, das mindestens zwei Stockwerke hoch ist.

Die Spieler bilden Kleingruppen (3 - 4 Teilnehmer). Jede Gruppe erhält die aufgeführten Materialien und folgende schriftliche Instruktion:

"Sie haben jetzt 20 Minuten Zeit, um sich eine Lösung auszudenken zu der Frage: "Können Eier heil auf dem Boden landen, wenn man sie aus dem Fenster des 2. Stockwerks dieses Hauses fallen läßt?"

Ihr Ziel ist es, daß das Ei heil den Boden erreicht. Als Hilfsmittel dürfen Sie nur Ih-

re Materialien verwenden. Sie haben zwei Eier und damit zwei Versuche, die Eier so zu bearbeiten, daß sie unversehrt bleiben."
Nach 20 Minuten geht der Spielleiter mit jeweils einem Vertreter jeder Gruppe in den 2. Stock des Hauses . Nacheinander werden die Konstruktionen fallengelassen und die anderen Mitspieler, die unterhalb des Fensters stehen, prüfen, ob die gelandeten Eier noch heil sind.

Günstige Spielerzahl: 9 - 20

Bei diesem Spiel kann man witzige Fotos schießen.

Blinzelmörder

Der Spielleiter verteilt so viele Lose an die Spieler, wie Teilnehmer mitspielen. Das "X" macht seinen Inhaber zum "Mörder". Der Mörder hat die Aufgabe, durch unauffälliges Zublinzeln seine Mitspieler zu töten. Der Angeblinzelte "stirbt" und deckt seine Karte auf.

Auf diese Weise treibt der Mörder sein Unwesen in der Gruppe - bis ein Mitspieler Verdacht schöpft. Findet er einen Verbündeten, der ebenfalls einen Verdächtigen im Sinn hat, können sie beide ihre Vermutung äußern, allerdings ohne sich vorher abzusprechen.

Haben beide denselben Täter genannt und die Vermutung bewahrheitet sich, ist der Mörder entlarvt.

Stimmt die Vermutung nicht oder nur einer der beiden hat auf den Richtigen getippt, braucht der Mörder sich nicht zu erkennen geben. Die beiden Spieler, die den Verdacht geäußert haben, sind nun ebenfalls tot, und der Mörder kann weiter zuschlagen, bis er als letzter übrigbleibt oder von zwei anderen ertappt wird, die beide den richtigen Verdacht äußern.

Variante: Beim letzten Durchgang ziehen alle ein Los mit dem X (= Mörder)

Günstige Spielerzahl: 10 - 20
Spielrunden: 3 - 5

Ich bin der Papst

Die Spieler sitzen im Halbkreis. An der offenen Seite stehen drei leere Stühle nebeneinander.
Ein Freiwilliger setzt sich auf den mittleren Stuhl und sagt in die Runde: "Ich bin der Papst - und wer bist Du?"
Zwei Spieler, die eine witzige Antwort dazu wissen, setzen sich rechts und links neben den Papst. Nun fragt der Papst erneut:"Ich bin der Papst - und wer bist Du?" Dabei schaut er seine rechten Nachbarn an. Dieser antwortet z.B.: Ich bin Sophia Loren und möchte Dir ein Gutenachtlied singen". Dann schaut der Papst nach links und fragt, wer dieser Spieler ist. Dieser könnte antworten: "Ich bin Biene Maja und möchte in Dein Ohr krabbeln". Der Papst wählt sich einen der beiden aus, z.B. die Biene Maja und geht mit ihr zurück in die Runde. Der andere Spieler (Sophia Loren) setzt sich auf den mittleren Stuhl und stellt nun seinerseits die Frage:

"Ich bin Sophia Loren - und wer bist Du?" Wieder setzen sich zwei Spieler dazu, denen etwas zu diesem Namen einfällt usw...

Günstige Spielerzahl: 10 - 20
Spielrunden: 20 - 30

Tele

Alle Spieler setzen sich mit ihren Stühlen in Kreisform. Ein Freiwilliger setzt sich in die Mitte des Stuhlkreises. Ihn gilt es jetzt mit einem reizvollen Angebot/Vorschlag zum Aufstehen zu motivieren und aus der Mitte herauszulocken. Es dürfen nur solche Vorschläge unterbreitet werden, die jeder Spieler auch sofort selber ausführen kann (Beispiel: "Wenn Du von Deinem Platz aufstehst, singe ich Dir ein Lied Lied vor.")
Der Spieler in der Mitte wählt nun den Vorschlag aus, der ihm am meisten zusagt und der entsprechende Spieler muß sein Versprechen einlösen. Dann tauschen die beiden ihre Plätze und wiederum versucht jeder Spieler ein so reizvolles Angebot zu unterbreiten, von dem er glaubt, daß der Spieler in der Mitte durch ihn "vom Hocker" gerissen wird.

Günstige Spielerzahl: 8 - 12
Spielrunden: 3 - 6

Ausweglos?

Jeder Spieler schreibt eine schwierige, scheinbar ausweglose Situation oder ein kleines individuelles Chaos auf einen Zettel, z.B. "Ich komme nachts um 3.00 Uhr nach Hause und habe meinen Wohnungsschlüssel vergessen. Was soll ich tun?" Oder: "Ich wache auf und stelle fest, daß heute unser 3. Hochzeitstag ist und ich habe noch kein Geschenk für meine(n) Partner(in). Was soll ich tun?"
Diese Zettel werden eingesammelt. Der Spielleiter liest eine ausweglose Situation vor. Alle versuchen, sich in diese Situation hineinzuversetzen und schreiben einen Lösungsvorschlag auf einen Zettel. Auch diese Zettel werden eingesammelt. Der Spielleiter liest die Vorschläge vor, die der entsprechende Spieler als Anregung nutzen kann. Die Gruppe kann sich einigen, ob die Schilderung der Situation und die Lösungsideen anonym beschrieben werden.

Günstige Spielerzahl: 8 - 12

Spielrunden: 1

Störsender

Die Spieler sitzen im Kreis. Jeder überlegt sich einen (Phantasie-) Namen für seine Funkstation. Reihum stellen alle ihre Station vor. Ein Teilnehmer beginnt und funkt eine Station an. Dabei legt er beide Daumen an die Schläfen, winkt mit den restlichen Fingern und sagt z.B.: "Funkstation Albatros ruft blaue Wolke". Der angefunkte Spieler, in diesem Beispiel "blaue Wolke", signalisiert Empfangsbereitschaft, indem er ebenso mit den Händen am Kopf winkt. Sofort übernehmen die beiden Nachbarn links und rechts von ihm die Funktion der Verstärker: der linke Nachbar funkt nur mit seiner rechten Hand, der rechte Nachbar mit seiner linken Hand. "Albatros" und "blaue Wolke" sprechen nun kurz miteinander, dann schaltet sich Albatros aus und "blaue Wolke" funkt eine andere Station an. Die Verstärker funken solange mit, bis ihr Hauptsender den Funkvorgang beendet.

Wenn eine Station den Funkbetrieb nicht aufnimmt (z.B. ein Verstärker funkt mit der falschen Hand), gibt es Sendestörungen. Der Spielleiter identifiziert die entsprechende Station als Störsender, der abgeschaltet wird, indem er seine Arme vor der Brust kreuzt. Wird ein Störsender irrtümlich angefunkt, sagt dieser nur "tüt tüt".

Günstige Spielerzahl: 8 - 16

Risiko

Spielmaterial: Ein großer Schaumgummiwürfel.

Die Spieler bilden Dreiergruppen. Ziel jedes Teams ist es, als erstes 70 Punkte zu erwürfeln. Das Los entscheidet, welches Team startet. Die erste Gruppe beginnt mehrmals zu würfeln. Die gewürfelten Augenzahlen werden vom Spielleiter notiert und addiert. Das Team darf solange würfeln, bis eine 1 fällt. Dann verfallen alle Augenzahlen des entsprechenden Durchganges (die erreichten Punkte der vorherigen Runden bestehen weiter). Jede Gruppe muß also vor jedem Wurf neu entscheiden, ob sie das Risiko eingehen und weiterwürfeln, oder den Würfel an die nächste Gruppe weitergeben. Bei einer 1 wandert der Würfel automatisch an die nächste Gruppe weiter, die nun ihrerseits Punkte sammelt, usw. bis eine Gruppe die 70 Punkte erreicht hat.

Günstige Spielerzahl: 9 - 15
Spielrunden: 2 - 3

Kein - ohne

Ein Spieler wirft einem anderen Mitspieler ein geknotetes Taschentuch, einen Ball o.ä. zu. Dabei gibt er die erste Zeile für einen "Kein-ohne-Reim" vor, z.B. "Kein Sommer ohne Blume". Der Angesprochene muß den Ball auffangen und mit einem passenden Reim antworten, z.B. "Kein Brot ohne Krume". Danach wirft er den Ball weiter und gibt eine neue Anfangszeile vor, auf die der nächste Spieler seinerseits einen "Kein-ohne-Reim" dichten muß.

Günstige Spielerzahl: 8 - 16

Lexikon, Konilex

Spielmaterial: Duden oder Fremdwörterlexikon

Ein Spieler oder der Spielleiter wählt aus dem Lexikon einen Begriff, von dem er vermutet, daß keiner seine Bedeutung kennt, z.B. Erinnophilie.
Alle anderen schreiben für sich eine Definition auf. Diese kann ernsthaft gemeint sein oder humorvoll. Die (Nonsens-) Definitionen werden eingesammelt und vorgelesen.
Gesucht wird jetzt - je nach Lust und Laune der Mitspieler - die witzigste Nonsens-Definition oder die Definition, die am ehesten die ursprüngliche Bedeutung trifft - oder es werden zwei Beschreibungen prämiiert, die wichtigste und die richtige.

Günstige Spielerzahl: 8 - 16
Spielrunden: 3 - 5

Spielschaum

Die Spieler bilden Dreier- oder Vierergruppen. Jede Gruppe erfindet neue Wortkombinationen (z.B. Reißwecker, Spielschaum, Topffächer etc.) und schreibt diese auf kleine Zettel.
Die Wörterzettel werden unter den Gruppen ausgetauscht. Die Aufgabe heißt jetzt, originelle Beschreibungen für die neuen Wortgebilde zu finden, die den Gruppen jeweils zugesteckt wurden. Die erarbeiteten Wortschöpfungen werden anschließend in der Runde mit Erklärungen vorgestellt.

Beispiel:
Topffächer - Ein Fächer rund um den Kochtopf, der verhindert, daß übergekochtes Essen auf den Herd läuft.
Spielschaum - Ein Indikator für Spielequalität als Spray. Es wird auf das Spiel gesprüht, gute Spiele beginnen zu duften, schlechte Spiele beginnen zu stinken.

Günstige Spielerzahl: 8 - 16
Spielrunden: 1 - 2

Bohnenspiel

Spielmaterial: Bohnen (oder Knöpfe o.ä.)

Jeder Spieler erhält zwei Bohnen als Spielgeld. Damit gehen alle im Raum spazieren. Aufgabe der Spieler ist nun, durch bohrende Fragen einen Mitspieler so zu irritieren, daß er mit "ja" oder "nein" antwortet, was verboten ist. Tritt der Fall ein, muß er den Fehler mit einer Bohne bezahlen. Hat er keine Bohne mehr, scheidet er aus.

Günstige Spielerzahl: 8 - 20
Spielrunden: 1

Wie liebst Du es?

Während ein Freiwilliger vor der Tür wartet, vereinbaren die anderen einen Begriff, der erraten werden soll. Der Mitspieler wird hereingerufen und darf nun reihum folgende drei Fragen stellen:

1. Warum liebst Du es?
2. Wo liebst Du es?
3. Wie liebst Du es?

Die Fragen müssen wahrheitsgetreu beantwortet werden.
Hat er den Begriff erraten, meldet sich erneut ein Freiwilliger zum Raten für den nächsten Begriff.

Beispiel:
Die Gruppe überlegt sich "Fußballspiel". Auf die erste Frage antwortet der Befragte: "Es entspannt mich". Der Zweite antwortet: "Vor dem Fernseher". Der Dritte könnte antworten: "Mit Freunden zusammen".

Günstige Spielerzahl: 8 - 12
Spielrunden: 3 - 5

Rezepte

Spielmaterial: Ball o.ä.

Ein Spieler hat den Ball. Er nennt ein beliebiges Wort, das aus 4-5 Buchstaben besteht. Er wirft den Ball einem anderen Mitspieler zu. Dieser muß nun möglichst schnell einen Satz aus den einzelnen Buchstaben des Wortes bilden. Unsinn ist erlaubt.

Beispiel:
Kerze: Komm einmal rüber zu Else
Auto: Auch Unterwassersportler trocknen oben

Günstige Spielerzahl: 8 - 12

Fünf mal "W"

Jeder Spieler hat einen Bogen Papier, auf dem untereinander die fünf "W-Fragen" stehen:

Wer? (steht für einen Namen)
Was? (steht für eine Tätigkeit)
Wie? (steht für eine Eigenschaft)
Wann? (steht für eine Zeitangabe)
Wo? (steht für eine Ortsangabe)

Alle schreiben in die erste Reihe mit der Frage "Wer?" den Namen eines Mitspielers, knicken und falten diese Reihe nach hinten um und geben ihren Bogen weiter. Nun beantworten alle die zweite Frage, knicken die Reihe wieder um und geben sie weiter. Das gleiche geschieht auch bei den anderen Fragen.
Anschließend liest jeder seinen so entstandenen Satz mit ein paar verbindenden Füllwörtern vor.

Günstige Spielerzahl: 8 - 16
Spielrunden: 1 - 2

Das Reh-Spiel

Ein Spieler beginnt und überlegt sich ein Wort, das z.B. die Silbe "re" beinhaltet, wie Regenschirm oder Korea, Reeperbahn, Operette, Ausrede usw. Dieses Wort behält er für sich, denn die Mitspieler sollen es erraten. Jetzt umschreibt er dieses Wort möglichst plastisch.

Beispiel:

Mein Reh schwimmt in salzigen Gewässern".

Gemeint ist die "Makrele".

Wer das Wort errät, darf das nächste "Reh" vorstellen.

Nach dem gleichen Schema verläuft das Aal-Spiel. Diesmal werden Wörter mit der Silbe "al" umschrieben, z.B. Regal, alle, Salbe etc.

Günstige Spielerzahl: 8 - 16

Geist

Ein Spieler beginnt und sagt einen Buchstaben, z.B. "A". Sein Nachbar setzt einen anderen Buchstaben hinzu, z.B. "U", denkt im Stillen aber dabei an ein bestimmtes Wort (z.B. "August"). Reihum fügen alle anderen auch einen Buchstaben an. Die Buchstabenfolge muß sinnvoll sein, d.h. wer einen Buchstaben nennt, muß sich immer dazu ein reales Wort oder einen Begriff vorstellen. Wer mit seinem Buchstaben sein Wort vollendet, z.B. das "T" bei "August", erhält den ersten Buchstaben des Wortes "Geist" und beginnt mit einem Anfangsbuchstaben für ein neues Wort. Der erste, der für sich das Wort "Geist" vervollständigt hat, darf sich ausruhen und scheidet aus. Wer nicht auf einen realen Begriff hinarbeitet und dabei erwischt wird, weil sein Nachfolger zweifelt und ihn konkret nach dem Wort fragt, erhält den letzten der angesammelten Buchstaben vom "Geist" wieder abgezogen. Wer einen Verdacht geäußert hat, der unbegründet war, verliert ebenso einen Buchstaben von seinem "Geist". Das Wort muß aus mindestens vier Buchstaben bestehen, bevor man es vollendet.

Günstige Spielerzahl: 8 - 12

Herr und Dame

Ein Freiwilliger verläßt den Raum. Die anderen wählen zwei Gegenstände oder Begriffe aus, die unmittelbar zusammengehören und von denen einer männlich und der andere weiblich ist. Beispiel: die Lampe - der Lampenschirm, die Schraube - der Schraubenzieher etc.
Der Spieler wird hereingerufen und hat die Aufgabe, die Begriffe durch Fragen herauszubekommen. Er spricht jeweils einen Mitspieler direkt an und erfragt die gewünschten Details: Ist die Dame ein Tier, Gegenstand, Mensch etc. Die befragte Person antwortet möglichst unkonkret und "undurchsichtig". Zum Beispiel oben: Die Dame trägt den Herrn. Der Spieler fragt solange, bis er die Antwort weiß. Derjenige, bei dessen Antwort er den Herrn oder die Dame erkannt hat, ist in der nächsten Runde die fragende Person.

Günstige Spielerzahl: 8 - 12
Spielrunden: 4 - 6

Subjekt und Objekt

Zwei Spieler verlassen den Raum und suchen sich zwei zusammenhängende Begriffe. Dann einigen sie sich, wer das "Subjekt" und wer das "Objekt" verkörpert.
Hinter dem Subjekt verbirgt sich eine bekannte Person, hinter dem Objekt der unverwechselbare Begriff:

z.B. Rotkäppchen und der Wolf,
Obelix und sein Hinkelstein,
Einstein und die Relativitätstheorie,
Linus und seine Kuscheldecke.

Die anderen Spieler teilen sich in zwei Mannschaften auf. Jede Mannschaft soll durch geschicktes Fragen so schnell wie möglich den Begriff finden. Gefragt werden darf abwechselnd immer so lange, bis mit einem NEIN geantwortet werden muß. Denn "Subjekt" und "Objekt" dürfen nur mit JA oder NEIN antworten. Bei einem NEIN wechselt die Mannschaft.

Die Fragen kommen entweder von jedem Spieler einer Mannschaft nacheinander, oder eine Mannschaft einigt sich vorher auf eine gemeinsame Frage.

Günstige Spielerzahl: 8 - 12
Spielrunden: 4 - 6

17 und 4

Ein Spieler überlegt sich einen Begriff, den die anderen erraten müssen. Dabei dürfen sie nur Fragen stellen, die ausschließlich mit JA oder NEIN beantwortet werden können.
Nach 17 Fragen erhält die Gruppe den Hinweis, daß sie noch 4 weitere Fragen stellen darf.
Wer den Begriff erraten hat, darf sich einen neuen ausdenken.
Beispiel:
- "Hildegard" aus Loriot (die mit der Nudel)
- überbackener Blumenkohl

Günstige Spielerzahl: 8 - 16
Spielrunden: 3 - 6

Hoch die Zahl

Die Spieler sitzen im Kreis und zählen reihum durch. Bei mehr als zehn Spielern erhält der zehnte die Zahl "Null" und die nächsten beginnen wieder bei "Eins" zu zählen.
Ein Freiwilliger beginnt, eine Geschichte zu erzählen, in der möglichst viele Zahlen vorkommen. Jeder Spieler, dessen Zahl in der Geschichte genannt wird, muß schnell aufspringen.
Bei Zahlen, die aus zwei oder drei Ziffern bestehen, müssen alle angesprochenen Spieler aufstehen. Wer träumt und seinen Einsatz verpaßt, wird zum neuen Geschichtenerzähler.

Günstige Spielerzahl: 8 - 16
Spielrunden: 3 - 5

Liebe Mutter, mir geht es gut...

Jeder Spieler schreibt zunächst auf sein Papier den Satz: Liebe Mutter, mir geht es gut. Diesen begonnenen Brief gibt er seinem rechten Nachbarn. Jeder setzt ein paar Zeilen darunter, als ob es ein Brief an die eigene Mutter wäre. Nach jedem Absatz wird der geschriebene Teil des Briefes so umgeklappt, daß nur noch der jeweils letzte Satz als Anregung sichtbar ist und nach rechts weitergegeben.
Hat jeder seinen ursprünglichen Brief wieder, unterschreiben alle mit ihrem Namen und lesen ihren Brief vor.

Variante: Teamwork-Story
Es können auch andere Themen gestellt werden: z.B. Leitfaden für Faulenzer; Wenn ich Bo Derek/ Arnold Schwarzenegger wäre; Wir erben 1 Schloß...

Günstige Spielerzahl: 8 - 14
Spielrunden: 1

Suchwort

Jedes Gruppenmitglied außer zweien bekommt einen Begriff aus einem bestimmten Bereich zugeordnet (z.B. aus dem Bereich "Zoo"). Den beiden, die keinen Begriff erhalten haben, ist nur der Themenbereich bekannt (z.B. "Was gibt es alles im Zoo."). Diese beiden unterhalten sich nun über das Thema. Immer, wenn einer der beiden während der Unterhaltung einen Begriff erwähnt, der von einem Mitspieler verwaltet wird, setzt sich dieser. Die beiden Gesprächspartner reden so lange, bis alle sitzen.

Schwieriger wird es für die beiden Gesprächspartner noch, wenn sie den Themenbereich nicht vorher kennen. Dann sollte eines der Gruppenmitglieder den Begriff, der den Bereich umschreibt (Zoo o.Ä.) verwalten.

Günstige Spielerzahl: 8 - 12
Spielrunden: 1 - 2

Deklamation zu zweit

Spielmaterial: Ein Mantel oder eine Decke

Ein Spieler sitzt bequem auf einem Sessel. Er wird mit einem Mantel oder einer Decke o.ä. zugedeckt, nur die Arme sind zu sehen. Ein zweiter Spieler sitzt auf seinen Knien. Er läßt seine Arme seitwärts herabhängen. Der zweite Spieler erzählt eine Geschichte. Der erste Spieler greift unter den Armen des zweiten hindurch und mimt die Gestik mit seinen Armen dazu. Besonders komisch ist das Ganze, wenn er z.B. das Taschentuch des Erzählers aus der Tasche zieht, ihm den Schweiß von der Stirn wischt, ihm die Brille putzt, die Krawatte richtet etc.

Spielrunden: 1 - 3

Die Wahlrede

In einem fernen Land ist ein begehrter Ministerposten zu besetzen.
Zwei Spieler bewerben sich für den Posten. Sie haben die Aufgabe, ihre Vorzüge in einer 2 Minuten langen Wahlrede herauszustellen - aber nicht die eigenen, sondern die des Mitbewerbers. Wer am überzeugendsten nachweisen kann, daß eigentlich sein Konkurrent die richtige Person für den Posten ist, wird der neue Minister. Das entscheidet die Gruppe. Es muß sich nicht unbedingt um einen Ministersessel handeln. Je nach Neigung und "Eignung" kann man jeden beliebigen Posten ausschreiben (Kindermädchen bei Lady Di, Hofkoch von Monaco...).

Variante: Zwei Diskussionspartner bemühen sich darum, ihre Nichteignung für einen irrealen Posten nachzuweisen (z.B. als Bleistiftanspitzer..).

Günstige Spielerzahl: 8 - 12
Spielrunden: 1 - 3

Familie Bergmann

In diesem Erzählspiel sucht sich jeder Mitspieler eine Rolle aus der Familie Bergmann. Reihum stellen sich alle vor: Vater, Mutter Bergmann, Kinder, Großeltern, Tanten, Onkel, Haustiere etc. Ein Freiwilliger erzählt eine Geschichte, die sich um Familie Bergmann dreht und in der die einzelnen Familienmitglieder und Haustiere möglichst oft erwähnt werden.
Wird der Name eines Familienmitgliedes in der Geschichte erwähnt, muß die dazugehörende Person schnell aufstehen und sich verbeugen. Wird die ganze Familie genannt, stehen alle Spieler auf und verbeugen sich. Wer nicht aufpaßt und seinen "Auftritt" verpaßt, wird der neue Geschichtenerzähler. Er kann entweder bei seinem Vorredner anknüpfen oder eine neue Episode aus dem Leben der Familie Bergmann erzählen.

Günstige Spielerzahl: 8 - 12

Kurzgeschichte

Ein freiwilliger Spieler hat die Aufgabe, aus vorher ausgewählten Wörtern eine Kurzgeschichte zu erzählen. Die Wörter - es sollten nicht mehr als 10 bis 15 sein - kann die Gruppe entweder vorher gemeinsam überlegen oder blind aus einem Buch oder einer Zeitung auswählen und notieren.
Der Erzähler hat zwei Möglichkeiten, vorzugehen: Entweder wählt er die Reihenfolge der Wörter selber aus und baut sie beliebig in seine Geschichte ein, oder er baut seine Geschichte anhand der vorgegebenen Reihenfolge auf, was sehr viel schwieriger ist.
Es ist nicht Sinn und Zweck, den besten Geschichtenerzähler zu küren. Dieses Spiel soll sowohl Erzählern als auch Zuhörern einfach Freude machen.

Günstige Spielerzahl: 8 - 12
Spielrunden: 3 - 5

Das Geheimnis in der Tüte

Der Spielleiter bereitet zwei Tüten oder Beutel mit Dingen vor, die als Grundlage für kleine Sketche benutzt werden können. Beispiel: Sonnenbrille, Bleistift, Zuckerstück, Modeschmuck, Kreditkarte usw.
Die Gruppe bildet zwei Teams. Jedes Team hat 10 Minuten Zeit, sich einen Sketch auszudenken, der anschließend pantomimisch aufgeführt wird. In diesem Sketch sollen alle Gegenstände aus der Tüte miteinbezogen werden.

Günstige Spielerzahl: 8 - 12
Spielrunde: 1

Pantomime

Die Spieler stehen im Kreis. Einer beginnt und flüstert seinem Nachbarn einen gegenständlichen Begriff ins Ohr (z.B. Zahnarzt). Diesen Begriff muß dieser nun pantomimisch darstellen, und die Gruppe errät, worum es sich handelt.
Nun darf der Akteur seinem nächsten Nachbarn einen Begriff vorgeben usw.
Haben die Spieler in der pantomimischen Darstellung schon etwas Übung, können auch abstrakte Begriffe verwendet werden (z.B. Demokratie).

Günstige Spielerzahl: 8 - 12
Spielrunden: 2 - 3

Reimpantomime

Ein Spieler überlegt sich ein Wort, z.B. "taufen". Er sagt zu seinen Mitspielern: "Ich denke an ein Wort, das sich auf 'laufen' reimt." Die anderen versuchen durch pantomimische Darstellung das Wort zu erraten, z.B. "saufen", "kaufen", "raufen" etc. Wer den richtigen Begriff pantomimisch erraten hat, darf sich das nächste Wort ausdenken.

Günstige Spielerzahl: 8 - 12

Scharaden

Die Gruppe bildet zwei Teams.
Jedes Team denkt sich einen Liedanfang, ein Sprichwort oder eine Märchenszene aus. Nacheinander stellt jede Gruppe den gesuchten Satz pantomimisch dar, wobei möglichst mehrere Teilnehmer eines Teams mitspielen sollen.
Die andere Gruppe errät, welcher Begriff, welches Lied, welche Szene etc. gemeint ist.
Beispiel: "Das dicke Ende folgt" kann dargestellt werden, indem drei Spieler durch den Raum gehen und ihnen in einigem Abstand ein vierter, etwas rundlicher Mitspieler folgt.

Günstige Spielerzahl: 8 - 12
Spielrunden: 1 - 3

Kalifornische Pantomime

Die Gruppe bildet zwei Teams. Jedes Team sucht für jedes Mitglied des anderen Teams einen Begriff, der pantomimisch dargestellt werden soll. Es kann auch ein Werbeslogan, Film- oder Buchtitel sein. Witzig sind Begriffe, die mit Tieren zu tun haben.
Fordern Sie die Gruppen auf, schwierige Begriffe zu wählen (z.B. die normative Kraft des Faktischen; Kohlehydrate; der röhrende Hirsch vom Wolfgangsee).

Die beiden Gruppen sitzen einander gegenüber. Team A flüstert dem ersten Spieler von Team B einen Begriff zu (oder zeigt den Begriff auf einem Zettel, ohne daß die anderen ihn sehen). Diesen Begriff stellt der Spieler vor seiner eigenen Gruppe pantomimisch vor. Der Darsteller darf mit den Fingern zeigen, wieviele Wörter sein Begriff hat und welches Wort davon er jeweils darstellt.
Hat Team B den Begriff erraten, erhält einer aus Team A den für ihn bestimmten Begriff, den

den dieser nun seinerseits dem eigenen Team vorstellt usw. bis jeder Spieler aus Team A und B im Wechsel seinen Begriff pantomimisch dargestellt hat.

Günstige Spielerzahl: 8 - 16
Spielrunden: 1 - 3

Falsches Alibi

Dieses Spiel entstand in einem Seminar, bei dem einige Plakate, die die Teilnehmer zuvor erarbeitet hatten, plötzlich verschwunden waren. Sie wurden am letzten Tag im Müllcontainer gefunden. Ein Hotelmitarbeiter hat sie versehentlich dorthin gebracht. In der Zwischenzeit rätselten jedoch alle Teilnehmer, wo denn die Plakate abgeblieben sein könnten, und in dieser Stimmung wurde dieses Spiel erfunden.

Der Spielleiter erzählt der Gruppe, daß wichtige Seminarutensilien verschwunden seien (z.B. ein Filzschreiber). Er nennt den Zeitpunkt, zu dem das verschwundene Objekt zuletzt gesehen wurde und den Zeitpunkt, zu dem das Verschwinden bemerkt wurde. Als Verdächtige kommen nur die Seminarteilnehmer in Frage. Für den Zeitraum des Verschwindens (10 - 20 Minuten) müssen sie ein Alibi liefern. Der Spielleiter läßt Dreier- oder Vierergruppen wählen. Jede Kleingruppe erhält den Auftrag, ein Alibi zu basteln. In

Form eines Rollenspiels sollen sie darstellen, was sie in der fraglichen Zeit gemacht haben. Die Kleingruppen müssen nicht darstellen, was sie wirklich gemacht haben, sondern eine plausible Geschichte erfinden, was sie gemacht haben könnten. Wenn die Kleingruppen sich zur Vorbereitung ihres Rollenspiels zurückgezogen haben, gibt der Spielleiter einer der Gruppen heimlich die Anweisung, einen Fehler in das Alibi einzubauen.
Dann treffen sich die Kleingruppen im Plenum. Jede spielt ihr Alibi vor. Dann darf jede Kleingruppe ihren Verdacht äußern, welche Kleingruppe ein falsches Alibi hat und ihre Vermutung begründen. Am Ende lüftet die betreffende Gruppe das Geheimnis.

Günstige Spielerzahl: 12 - 16
Spielrunden: 1

Konterfei

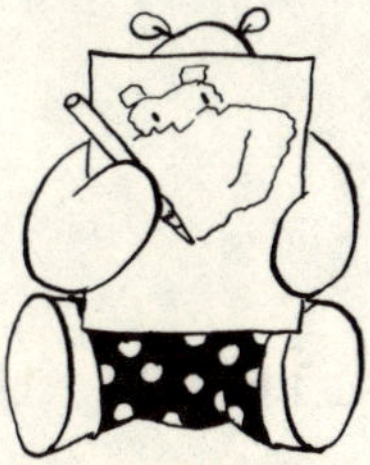

Spielmaterial:
- Karton
- Malstifte

Alle Spieler sitzen im Kreis und halten einen Malkarton (DIN A5) vor ihr Gesicht. Mit einem Stift malt jeder blind sein Gesicht.
Die Bilder werden eingesammelt, ohne daß die Spieler einen Blick auf ihr eigenes oder das der anderen werfen können.
Dann werden die Portraits der Reihe nach erraten.

Günstige Spielerzahl: 8 - 16
Spielrunde: 1

Lieder und Gesänge

Die Gruppe bildet kleine Teams. Während einer vorher vereinbarten Vorbereitungszeit studiert jedes Team ein bekanntes oder auch ein selbst komponiertes Lied ein, das hinterher den anderen Teilnehmern vorgetragen wird. Als Musikinstrumente können alle Gegenstände benutzt werden, mit denen sich Klänge erzeugen lassen, wie z.B. Flaschen, Gläser, Kämme etc.

Günstige Spielerzahl: 12 - 20
Spielrunden: 1

Malband

Spielmaterial:

- Viel Papier (eventuell Tapetenrolle)
- Malstifte (Kreide o.ä.)
- Musik

Das Papier wird zu einem langen Malband auf dem Tisch befestigt. Jeder Spieler nimmt sich einen Malstift.
Wenn die Musik einsetzt, beginnen alle, an irgendeiner Stelle des Malbandes zu malen. Stoppt die Musik, legen alle ihre Stifte hin und wandern an der Papierbahn entlang, bis die Musik wieder beginnt und sie an der neuen Stelle weitermalen.
Das Spiel geht so lange, bis die Gruppe meint, das Bild sei fertig.

Günstige Spielerzahl: 8 - 16

Kunstwerke

Spielmaterial:

- Malstifte
- Pro Spieler ein Blatt Papier (ca. 10 x 30 cm)

Die Spieler sitzen rings um den Tisch. Jeder hat vor sich ein Blatt Papier und malt irgendeine kleine Zeichnung auf das Kopfende seines Blattes. Dann gibt jeder das Papier seinem rechten Nachbarn, der unter diese Zeichnung schreibt, was sie seines Erachtens nach darstellt. Er faltet das Blatt so, daß man nur noch seine Erklärung lesen kann und gibt es nach rechts weiter. Nun versucht der Dritte aufgrund der Erklärung eine entsprechende Zeichnung anzufertigen, gibt das Blatt wieder nach rechts, diesmal so gefaltet, daß nur seine Zeichnung sichtbar ist usw. Das Spiel dauert so lange, bis jeder Spieler jeden Zettel einmal gehabt hat. Dann bestaunen alle gemeinsam die Kunstwerke.

Günstige Spielerzahl: 8 - 16
Spielrunden: 1 - 2

Strich für Strich

Spielmaterial:

- Plakat, FlipChart o.ä.
- dicke Filzstifte

Ein Spieler macht den Anfang: Er flüstert dem Spielleiter einen gegenständlichen Begriff ins Ohr, z.B. Hebamme. Strich um Strich wird nun vom Erfinder des Begriffes die gewählte Figur auf das Plakat gemalt. Nach jedem neuen Strich dürfen die Zuschauer raten, was sie in der Zeichnung erkennen.
Wer das Kunstwerk entschlüsselt, darf als nächster eine Figur zeichnen.

Günstige Spielerzahl: 8 - 16

Ein Klavier?

Spielmaterial:
- ausreichend Papier und Stifte

Ein Spieler gibt einen gegenständlichen Begriff vor, z.B. Klavier. Dann verläßt er für einige Minuten den Raum. Jeder malt ein Klavier. Die unsignierten Zeichnungen werden in die Mitte gelegt. Der Mitspieler wird hereingerufen und versucht zu erraten, wer welches Klavier gemalt hat.

Günstige Spielerzahl: 8 - 16
Spielrunden: 3 - 8

Suchen und Finden

Jeder Spieler schreibt auf drei Zettel jeweils ein nicht zu offensichtliches persönliches Merkmal oder eine typische Eigenart von sich, natürlich ohne seinen Namen zu nennen.
Beispiele: Habe eine Goldplombe; Bin Linkshänder; Trage Kontaktlinsen; Bin Langschläfer etc.
Alle Zettel werden in einem Hut gesammelt. Jeder nimmt sich drei Zettel (ist ein eigener dabei, tauscht man ihn aus) und versucht, die Eigentümer der Merkmale und Eigenschaften ausfindig zu machen. Dabei gehen alle im Raum umher und suchen die Mitspieler, von denen sie glauben, daß sie die Merkmale erfüllen. Wer einen Verfasser seiner Zettel ausfindig gemacht hat, setzt den entsprechenden Namen darunter. Haben alle die zu den Eigenschaften gehörenden Mitspieler gefunden, werden die Zettel reihum vorgelesen.

Günstige Spielerzahl: 8 - 16
Spielrunden: 1

Heiratsanzeige

Jeder Spieler schreibt seinen Namen auf einen Zettel. Die gefalteten Lose werden eingesammelt, und jeder zieht sich eines. Für die Person, dessen Name gezogen wurde, schreibt jeder eine Heiratsanzeige, ohne den eigenen Namen und den des Inserenten zu benennen. Die Anzeigen werden eingesammelt und vorgelesen.

Die Gruppe versucht, sowohl den Inserenten als auch den Verfasser der Anzeigen zu erraten.

Günstige Spielerzahl: 8 - 12
Spielrunden: 1

Wahltip

Jedem Mitspieler wird der Reihe nach eine Frage vorgelegt. Zu jeder Frage erhält er drei Antwortalternativen. Bevor der Befragte jedoch selbst antwortet, geben alle anderen Mitspieler ihren Tip ab, für welche Alternative der Befragte sich entscheiden wird. Beispiel: Du mußt umziehen und erhälst drei Angebote. Für welches entscheidest Du Dich? (A) Bauernhaus auf dem Land, (B) Einfamilienhaus, (C) Penthouse.

Die Fragesammlung kann auf unterschiedliche Weise zusammengestellt werden:

1. Der Spielleiter überlegt sich vor dem Spiel entsprechend der Spieleranzahl Fragen und Antwortalternativen.
2. Jeder Spieler schreibt 1 - 3 Fragen und Antworten auf verschiedene Kärtchen.
3. Die Gruppe denkt sich gemeinsam Fragen und Antwortalternativen aus.

Günstige Spielerzahl: 8 - 16

Spielrunden: 1 - 2

Charles und Diana

Spielmaterial:

- Klebestreifen (z.B. Tesakrepp)
- dicker Filzschreiber

Der Spielleiter wählt berühmte Paare aus und bereitet Klebestreifen mit den Namen dieser Berühmtheiten vor.

Beispiele: Romeo - Julia
Pat - Patachon
Hänsel - Gretl

Jedem Spieler wird eine berühmte Person auf den Rücken geklebt. Alle haben die Aufgabe herauszufinden, wer sie selber sind, um dann anschließend ihren berühmten "Partner" zu finden.

Dazu gehen sie im Raum umher und dürfen jedem Mitspieler unbegrenzt Fragen stellen, nur nicht die eine: "Wer bin ich?"

Günstige Spielerzahl: 12 - 30

Berühmte Leute

Spielmaterial:
- Klebestreifen (z.B. Tesakrepp)
- dicker Filzschreiber

Der Spielleiter bereitet Klebestreifen mit Namen bekannter Persönlichkeiten vor. Jedem Spieler wird ein Name (für ihn nicht sichtbar) entweder auf den Rücken oder auf die Stirn geklebt. Diesen Namen gilt es, herauszufinden. Dazu gehen alle im Raum umher und befragen ihre Mitspieler. Sie dürfen jedoch nur Fragen stellen, auf die der Befragte mit JA oder NEIN antworten kann. Man darf solange einen Spieler fragen, bis dieser mit NEIN antwortet. Hat auch der Fragepartner ein NEIN erfragt, müssen sich beide einen neuen Fragepartner suchen, bis jeder seinen Spielnamen weiß.

Günstige Spielerzahl: 10 - 30

Wer ist Herbert Wehner?

Jeder Spieler schreibt auf einen Zettel einen Namen einer bekannten Persönlichkeit, Comicfigur, Märchenfigur etc. Die Spieler sollten sich in irgendeiner Weise mit dieser Person identifizieren. Der Spielleiter sammelt alle Zettel ein und schreibt die Namen für alle sichtbar auf. Der jüngste Spieler beginnt und fragt einen Mitspieler auf Verdacht, ob er z.B. Jimmy Hendrix sei. Stimmt die Vermutung nicht, darf der Befragte selber weiterfragen. Stimmt die Vermutung, gehört Jimmy Hendrix zum Team des Fragenden und berät ihn bei der Identifizierung der anderen.
Errät ein Spieler den Namen eines Mitspielers, der schon andere in seinem Team hat, kann er alle die Mitglieder zu seinem Frageteam holen, von denen er noch die Spielnamen weiß und nennen kann. Auch dabei darf sein Rateteam ihn unterstützen. Das Spiel ist beendet, wenn alle Spielnamen entlarvt sind.

Günstige Spielerzahl: 8 - 20
Spielrunden: 2 - 5

Heiße Runde

Jeder Spieler schreibt auf zwei Karten Aufgaben oder Fragen folgender Art:

- Erklären Sie einem von Geburt an Blinden die Farbe Rot.
- Sagen Sie einer hier anwesenden Person Ihrer Wahl, an wen oder was diese Sie erinnert.
- Beschreiben Sie den Duft einer Rose.

Die Karten werden gemischt und gestapelt auf die Mitte des Tisches gelegt.
Jeder Spieler nimmt der Reihe nach eine Karte und versucht, die Aufgabe zu erfüllen.

Günstige Spielerzahl: 8 - 15
Spielrunden: 2

Das Advokatenspiel

Bei diesem Fragespiel antwortet niemals der Befragte selbst, sondern immer nur dessen Nachbar. Wie ein guter Anwalt macht sich der Nachbar zum Sprecher seines Klienten. Der Befragte darf auf keinen Fall eigene Kommentare abgeben oder versuchen, die Aussagen des Advokaten zu verbessern. Der Fragemeister wird ausgelost und darf nun reihum die Spieler nach ihrer Lieblingsbeschäftigung oder Ähnlichem fragen. Je bunter die Runde gemischt ist (Alter, Beruf), desto interessanter fallen die Antworten der Anwälte aus.

Günstige Spielerzahl: 8 - 16

Geschenke

Die Namen der Gruppenmitglieder werden auf Zettel geschrieben und in einen Lostopf geworfen. Ein Gruppenmitglied zieht einen der Zettel. Wenn er seinen eigenen Namen zieht, tauscht er ihn aus. Dann sagt er, über welches Geschenk sich das Mitglied, dessen Name er auf dem Zettel vorfindet, freuen würde. Alle, die sich angesprochen fühlen, kommen zu ihm. Dann nennt er ein weiteres Geschenk. Daraufhin gehen wieder einige weg, weil sie sich von diesem Geschenk nicht mehr angesprochen fühlen. Es wird solange geraten, bis derjenige übrigbleibt, für den das Geschenk gedacht ist.

Weitere Themen: Welchen anderen Beruf könnte die Person ausüben? Wer wäre dessen Traumpartner? usw.

Günstige Spielerzahl: 8 - 16
Spielrunden: 5 - 8

Chinesischer Fächer

Ein Spieler wartet vor der Tür, während die anderen sich auf ein Gruppenmitglied einigen. Der Mitspieler wird hereingerufen und stellt nun reihum Fragen folgender Art: Welches Tier könnte die Person sein; Wenn die Person ein Möbelstück wäre, welches wäre sie, etc.
Die Fragen können sich auf Getränke, Landschaften, Städte, Blumen etc. beziehen, müssen aber immer hypothetischen Charakter haben (Beispiel: "Was für ein Baum wäre sie/er?" (richtig), "Welche Bäume mag sie/er gern?" (falsch).
Wenn der Fragende eine Vermutung hat, äußert er sie, stimmt diese nicht, hat er noch zwei Ratechancen. Stimmt sie, ist die erratene Person in der nächsten Runde der Fragesteller.

Variante: Frau Meier, das Veilchen.

Günstige Spielerzahl: 8 - 16
Spielrunden: 3 - 5

Frau Meier, das Veilchen

Vorsicht! Dieses Feedback-Spiel eignet sich nur für Gruppen, bei denen nicht die Gefahr besteht, daß ungelöste Konflikte durch verdeckte Spitzen aufgearbeitet werden.
Ein Freiwilliger stellt sich als "Projektionsfläche" zur Verfügung. Unter Leitung des Spielmeisters wird in offener Diskussion festgestellt, welche Vergleiche die Person zuläßt.
Die Gruppe stimmt ab, zu welcher Blume, zu welchem Tier, Möbelstück, Getränk, Musikstück oder Landschaft, Speise etc. diese Person paßt. Die Ergebnisse werden vom Spielleiter notiert und anschließend als "hypothetisches Psychogramm" vorgelesen.

Günstige Spielerzahl: 8 - 16
Spielrunden: 3 - 5

Vertauschte Rollen

Die Spieler sollten sich bei diesem Spiel schon etwas besser kennen und vertraut miteinander sein, damit das Feedback-Spiel nicht dazu ausgenutzt wird, verdeckte Spitzen zu verteilen. Jeder schreibt seinen Namen auf einen Zettel, faltet ihn und legt ihn in die Mitte oder in einen Hut.
Die Zettel werden gut gemischt. Jeder nimmt sich nun einen Zettel. Wer seinen eigenen Namen zieht, tauscht noch einmal um.
Reihum erzählt nun jeder Spieler etwas in Ich-Form über sein "zweites Ich", dessen Namen er gezogen hat.
Das können Hobbies, Eigenschaften, Eigenarten, Redensarten sein, aber nicht zu eindeutige. Die Gruppe rät, wer das Alter-Ego ist. Der Mitspieler, um den es sich handelt, wird sich wahrscheinlich als erster in der Schilderung erkennen und hält sich mit dem Raten zurück.

Günstige Spielerzahl: 8 - 16
Spielrunden: 1

Lügendetektor

Jeder Spieler schreibt vier Dinge auf einen Zettel, die er mag, bzw. gerne tut. Eine Aussage davon ist eine Lüge.
Beispiel:
"Rennfahren, tanzen, schmusen, Bier trinken."
Die Aussagen werden vorgelesen und die anderen raten, welche Aussage gelogen ist.

Günstige Spielerzahl: 8 - 16
Spielrunden: 1

Geheime Wünsche

Spielmaterial: ausreichend Papier, Stifte

Jeder Spieler überlegt sich zunächst eine Frage nach geheimen Wünschen seiner Mitspieler. Beispiel: "Mit wem aus dieser Runde würdest Du gerne in den Urlaub fahren?" Ein Spieler beginnt und stellt seine Frage in die Runde. Jeder beantwortet diese Frage schriftlich auf einem kleinen Zettel und setzt seinen Namen dazu. Der Spielleiter sammelt alle Antworten ein. Dann stellt der nächste seine Frage an die Runde, alle beantworten die Frage usw., bis die Runde durch ist. Dann liest der Spielleiter zu jeder Frage alle Antworten vor, ohne die Namen zu nennen. Die Gruppe rät, wer welche Antwort verfaßt hat.

ACHTUNG: Die Gruppe sollte schon vertraut miteinander sein.

Günstige Spielerzahl: 8 - 15
Spielrunden: 1

Pfennigspiel

Spielmaterial: Pro Spieler 10 Chips, Pfennige, o.ä.

Dieses Spiel wird häufig in Seminaren als Feedback-Spiel eingesetzt. Es ist aber ebenso für den Abend geeignet, weil die Spieler auf diese Weise Komplimente weitergeben können, die den Zusammenhalt einer Gruppe fördern und eine gelockerte Stimmung hervorrufen.
Jeder Spieler erhält zu diesem Spiel 10 Chips o.ä. Diese 10 Chips kann jeder in beliebiger Menge an andere Mitspieler mit einem begleitenden Satz verschenken, z.B.: "Ich schenke Dir einen Chip, weil Du so fröhlich bist." "Ich schenke Dir einen Chip, weil Du sonst keinen mehr hast." "Ich gebe Dir 3 Chips, weil Du mir so nett zugehört hast." Verschenkt man mehrere Chips auf einmal, erhält die Aussage mehr Gewicht.

Die Gruppe kann sich vor dem Spiel abstimmen, ob die Spieler ihre Chips reihum verteilen oder ob jeder, der gerade eine Idee hat, seinen Chip verschenkt. Es sollte aber immer nur einer zur Zeit von seinen Chips verschenken.

Variante: Die Spieler verschenken bei dieser Variante nicht nur positive Sätze mit der entsprechenden Chipanzahl, sondern fordern mit entsprechender Begründung ebenso Chips ab, z.B. "Ich nehme von Dir einen Chip, weil Du die letzte Salzstange gegessen hast."

ACHTUNG: Dieses Spiel nicht einsetzen, wenn die Gefahr besteht, daß Spieler auf diese Weise Spitzen verteilen.

Günstige Spielerzahl: 8 - 16

Bandwurmspiele

Zu der Kategorie der Bandwurmspiele zählen Nonsens- und Schnellsprechspiele sowie Spiele ohne natürliches Ende.
Der Spielleiter oder die Gruppe sollten ein Spiel abbrechen, wenn sie merken, daß die "Luft raus" ist. Am besten noch etwas davor, um die heitere Stimmung mit in das nächste Spiel hinüberzunehmen.

Schnelle Hände

Die Spieler sitzen um einen Tisch herum. Die Hände liegen mit der Handfläche nach unten auf dem Tisch. Die Arme überkreuzen sich jeweils mit denen des Nachbarn.
Ein Spieler beginnt. Er schlägt mit seiner Hand einmal flach auf den Tisch. Nimmt er die linke Hand, der Daumen zeigt also nach rechts, schlagen alle Hände der Reihe nach rechtsherum auf den Tisch. Entsprechend verläuft die Richtung bei der rechten Hand nach links.
Klatscht ein Spieler seine Hand zweimal hintereinander auf den Tisch, bedeutet dies einen Richtungswechsel.
Wer zu früh oder zu spät klatscht oder seinen Einsatz verpaßt, nimmt die entsprechende Hand aus dem Spiel.
Gewinner sind die beiden letzten Spieler, die noch jeweils eine Hand im Spiel haben.

Günstige Spielerzahl: 8 - 20
Spielrunden: 2 - 3

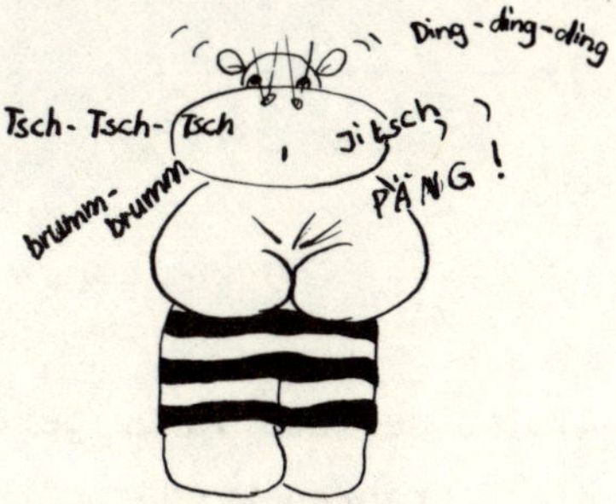

Lokomotive

Dieses Spiel läßt sich schwer durch Worte beschreiben. Wer es kennt, muß es einfach vormachen und alle anderen Mitspieler reihen sich dann in die Eisenbahnfahrt mit ein.

Die Spieler sitzen im Kreis und spielen zeitlich versetzt immer den gleichen Ablauf:

1) Beide Daumen berühren sich. Die Zeigefinger stehen im rechten Winkel nach oben. Dieses Bild stellt die geöffnete Schranke dar. Die Schranke schließt sich, indem die Zeigefinder sich nach unten bewegen und einander berühren. Dabei macht der Spieler folgende Geräusche: "Ding-ding-ding".

2) Ein Auto bremst vor der geschlossenen Schranke. Der Spieler sagt: "Iiiitsch".

3) Nun kommt der Zug von links, fährt durch die Schranke und nach rechts weiter. Das wird durch "tsch-tsch-tsch"- Geräusche symbolisiert, wobei sich auch der Kopf von links nach rechts bewegt, um die Fahrtrichtung zu verdeutlichen.

4) Ist der Zug vorbeigefahren, öffnen sich die Schranken wieder mit einem deutlichen "Ding-ding-ding".
5) Sind die Schranken wieder offen, darf auch das Auto seinen Weg wieder fortsetzen und macht "brumm-brumm".
Ein Spieler beginnt diesen Nonsens-Ablauf. Sein rechter Nachbar setzt ein, wenn beim ersten Spieler der Zug herannaht. Dann müssen sich beim nächsten Spieler die Schranken schließen, um den Zug ohne Pausen weiterfahren zu lassen. So fährt der Zug langsam im Gruppenkreis herum. Bei geübten Gruppen hört man ständig den Zug, der langsam - tsch-tsch-tsch- die Runde macht.

Günstige Spielerzahl: 8 - 20

Gummiboot und Gummiente

Spielmaterial:
- zwei kleine Gegenstände

Alle Spieler sitzen im Kreis. Der Spielleiter gibt seinem rechten Nachbarn ein Feuerzeug o.ä. mit den Worten: "Das ist eine Gummiente". Dieser fragt zurück: "Was ist das?" Darauf antwortet der Spielleiter mit den gleichen Worten: "Das ist eine Gummiente". Erst nach diesem Dialog wird die Gummiente an den nächsten Spieler weitergegeben mit der Aussage: "Das ist eine Gummiente". Der Angesprochene fragt wieder zurück: "Was ist das?" Diese Rückfrage wird bis zum Spielleiter weitergegeben. Der Spielleiter antwortet: "Das ist eine Gummiente". Diese Antwort wird weitergegeben bis zu dem Spieler, der gerade die Gummiente hát.
Der gleiche Vorgang wird vom Spielleiter auf der linken Seite mit einem "Gummiboot" (Streichholzschachtel o.ä.) in Gang gesetzt,

so daß Gummiboot und Gummiente die Runde machen, bis sie sich irgendwo in der Mitte treffen. Dann bedarf es der vollen Aufmerksamkeit des Spielers, welches Teil er nun mit welchen Worten oder welcher Frage weitergibt. Wichtig ist, daß der Spielleiter immer wieder Ausgangspunkt aller Fragen und Antworten ist.

Variante: Statt Gummiboot und Gummiente können auch "Quadoogu" und "Schadulum" in Umlauf gegeben werden.

Günstige Spielerzahl: 10 - 20

Der hölzerne Mann

Spielmaterial: Streichholzschachtel

Die Spieler sitzen im Kreis. Einer beginnt und sagt, während er eine Streichholzschachtel hochhält: "Dies ist das Haus vom hölzernen Mann".
Er gibt die Schachtel seinem Nachbarn weiter. Dieser muß den Satz um einen neuen Begriff erweitern. Beispiel: "Dies ist die Tür vom Haus des hölzernen Mannes". Der Dritte könnte sagen: "Dies ist das Schloß von der Tür vom Haus des hölzernen Mannes".
Dieser Satz wird bis zum letzten Spieler der Runde fortgesetzt.
Der darf mit einem neuen, selbstausgedachten Satz eine neue Runde einleiten.

Günstige Spielerzahl: 8 - 16

Tante Jo macht immer so

Die Spieler sitzen im Kreis. Der Spielleiter beginnt und fragt seinen rechten Nachbarn: "Kennen Sie Tante Jo?" Der Nachbar verneint. Der Spielleiter fährt fort: "Tante Jo macht immer so!" Dabei droht er seinem Gesprächspartner mit erhobenem Zeigefinger. Dieser Vorgang macht nun die Runde, bis alle zeigefingerwackelnd dasitzen. In den weiteren Runden werden neue Eigenarten von Tante Jo hinzuerfunden, z.B. Kopfschütteln, Augenzwinkern etc. Jede Bewegung wird den vorangegangenen hinzugefügt, bis die ganze Runde kopfschüttelnd, fußwippend, zähneknirschend dasitzt...

Günstige Spielerzahl: 8 - 16

Fiss - Pass

Die Spieler zählen sich reihum durch. Bei der Zahl 7 muß der Spieler anstatt der Zahl das Wort "Fiss" sagen. Immer wenn ein Vielfaches von 7 oder eine Zahl in der eine 7 vorkommt, erreicht ist, muß der Spieler, der an der Reihe ist "Fiss" sagen. Wer einen Fehler macht, scheidet aus.

Variante: Es kann auch mit zwei Fehlzahlen gespielt werden, die unterschiedliche Codewörter bekommen. Wenn 7 "Fiss" ist, kann 5 "Pass" sein. 35 ist das Produkt aus 7 und 5 und kann deshalb zu "Biss" werden, 75 ist "Fiss-Pass" und 57 ist "Pass-Fiss".

Günstige Spielerzahl: 8 - 16

Opa ist krank

Hilfsmittel: Streichhölzer oder Zahnstocher

Reihum sagt jeder Spieler zu seinem Nachbarn: "Opa ist krank". Rückfrage des Angesprochenen: "Was hat er denn?"
Daraufhin nennt der erste irgendeine reale oder irreale "Krankheit". Beispiel: "Ihm sind zwei Haare ausgefallen".
Das wiederholt sich die ganze Spielrunde.
Beim nächsten Durchgang klemmt sich jeder Spieler ein Streichholz zwischen die Zähne und das ganze Spiel geht von vorne los, diesmal mit einer anderen "Krankheit" usw...

Günstige Spielerzahl: 8 - 16

Eine Ente

Ein Wortspiel, das wahrscheinlich zu fortgeschrittener Stunde am meisten Spaß macht. Ein Spieler beginnt mit: "Eine Ente". Sein Nachbar fügt hinzu: "Zwei Beine". Der dritte Spieler sagt: "Steigt ins Wasser". Der vierte ergänzt noch: "Plumps".
Der nächste Spieler beginnt einen neuen Durchgang. Diesmal wird die Zahl der Enten auf zwei erhöht, die natürlich 4 Beine haben. Es folgen zweimal "Plumps", das auf die zwei nächsten Spieler verteilt wird.
Die Zahl der Enten wächst mit jedem Durchgang und auch die Zahl der "Plümpse" nimmt entsprechend zu, so daß immer mehr Spieler am "Plumps" beteiligt sind. Hat sich jemand versprochen oder verzählt, beginnt sein Nachbar wieder von vorne mit einer Ente.
Die Spieler können auch zu Beginn wetten, bis zu welcher Entenzahl sie diesen Nonsens fehlerfrei durchstehen!

Günstige Spielerzahl: 8 - 16

Die Fuchspelz-pudelmütze

Spielmaterial: Mütze oder Hut

Der Spielleiter überreicht seinem Nachbarn eine Mütze o.ä. mit folgendem Spruch: "Da, nimm sie, eine doppeltgefütterte Fuchspelzpudelmütze, die schickt Herr Kant aus Brabant und läßt sagen, daß er der echte, rechte doppeltgefütterte Fuchspelzpudelmützenmacher sei und bittet, sich seiner bei Bedarf zu erinnern". Mit diesem Spruch begleitet, wird die Mütze nun im Kreis herumgereicht und jeder kann seine Konzentrations- und Schnellsprechfähigkeit testen.

Variante: Das geschlissene Schleißen-Scheit

Günstige Spielerzahl: 8 - 16

Das geschlissene Schleißen - Scheit

Spielmaterial: Ein längliches Holzstück, Stift o.ä.

Die Spieler sitzen im Kreis. Der Spielleiter gibt das Holzstückchen seinem rechten Nachbarn und sagt: "Nimm hin das". Dieser fragt zurück: "Was ist das?" Der Spielleiter antwortet: "Dies ist ein Scheit". Das "Scheit" wird reihum mit diesem Dialog bis zum Spielleiter weitergegeben. Der Spielleiter eröffnet die nächste Runde, indem er einen Satz hinzufügt und sagt: "Dies ist ein Scheit, ein wohlgeschlissenes Schleißen-Scheit". Das Scheit wird von Spieler zu Spieler mit diesem Satz weitergereicht. Bei jeder neuen Runde ergänzt der Spielleiter um einen neuen Satz. Die vorherigen müssen immer wiederholt werden. Der vollständige Ausspruch lautet dann folgendermaßen (pro Runde 1 Satz):

- Dies ist ein Scheit.
- Ein wohlgeschlissenes Schleißen-Scheit
- Das schickt Frau Weiße aus Meißen.

- Und läßt dazu sagen frei:
- Daß sie die wohl allergeschickteste Scheiten-Schleißerin sei.
- Und ihr Mann, der Herr Weiße, sitzt derweil hinter dem Ofen und schleißt Scheite.
- Und eh er noch einen einzigen Happen gegessen, hat er schon einen großen Haufen Scheite geschleißt und geschlissen.

Günstige Spielerzahl: 8 - 16

Yin und Yang

Bei dieser "taoistischen-Nonsens-Kommunikation" sitzen alle Spieler im Kreis. Einer beginnt, indem er eine Hand mit ausgestreckten Fingern auf den Kopf legt und "Yin" sagt. Hat der Spieler seine linke Hand auf den Kopf gelegt, zeigen seine Finger nach rechts. Das bedeutet für den rechten Nachbarn nun seinerseits, eine Hand auf seinen Kopf zu legen, dabei sagt er "Yang". Wieder kommt der Nachbar an die Reihe, auf den die Finger zeigen. Dieser dritte Spieler zeigt mit den Fingerspitzen auf irgendjemand anderen im Kreis, sagt dabei aber nichts. Derjenige, auf den die Finger zeigen, beginnt den ganzen Vorgang von Neuem. So läuft die "Zeremonie" weiter: Yin-Yang-Schweigen, und das so schnell wie möglich. Wer die Reihenfolge nicht einhält, eine falsche Bewegung macht oder das falsche Wort sagt, wird aus dem Kreis verbannt, hat aber als "Störenfried" eine ebenso wichtige Funktion: Er steht außerhalb des Kreises und darf alles tun

oder sagen, um die anderen zu irritieren - außer sie zu berühren oder ihnen die Sicht zu nehmen. Gelingt es ihm, einen anderen Spieler aus dem Konzept zu bringen, wird dieser ebenfalls zum "Störer".
Das Spiel ist beendet, wenn nur noch drei Spieler im Spielkreis sitzen.

Günstige Spielerzahl: 10 - 30
Spielrunden: 1

Zupfer - Tupfer

Spielmaterial: Kreide, Kohle oder abwaschbare Farbe

Die Spieler geben sich Nummern, fangen bei eins an und zählen dann durch.
Ein Spieler beginnt, da er von niemandem einen zusätzlichen Tupfer erhalten hat, wie folgt folgt zu sprechen: "Ich bin Zupfer-Tupfer Nr. 1 mit keinem Tupfer. Zupfer-Tupfer Nr. 8, wieviel hast Du Tupfer?"
Spieler 8 antwortet ihm und fragt nach diesem Schema den nächsten Spieler.
Verspricht sich ein Spieler, bekommt er einen Tupfer auf die Stirn (z.B. mit Kreide). Jeder Spieler muß seine Tupfer-Anzahl auf der Stirn in den Satz einfügen, z.B. "Ich bin Zupfer-Tupfer Nr. 3 mit 2 Tupfern, Zupfer-Tupfer Nr. 5, wieviel hast Du Tupfer?"
Spieler mit 3 Tupfern scheiden aus.

Günstige Spielerzahl: 8 - 16
Spielrunden: 1

Verflixte Sieben

Spielmaterial: Streichhölzer, 1 Würfel

Jeder Spieler hat sieben Streichhölzer. In der Mitte liegt der Resthaufen. Es wird reihum gewürfelt. Die Augenzahlen bedeuten folgendes:

1: man darf ein Hölzchen in die Mitte legen
2: man darf dem linken Nachbarn ein Hölzchen abtreten
3: man muß ein Hölzchen aus der Mitte nehmen
4: man bekommt ein Hölzchen vom rechten Nachbarn
5: man darf dem rechten Nachbarn ein Hölzchen geben
6: man nimmt 2 Hölzchen aus der Mitte. Davon behält man eines selber, das andere darf man einem beliebigen Mitspieler geben.

Gewonnen hat derjenige, der zuerst alle Hölzchen losgeworden ist (was selten der Fall ist).

Günstige Spielerzahl: 8 - 12
Spielrunden: 1

Schokolade

Spielmaterial: Schokolade, Würfel, Schal, Handschuhe, Messer und Gabel

Auf dem Tisch liegt eine Tafel Schokolade, Messer und Gabel, ein Paar Handschuhe und ein Schal. Es wird reihum gewürfelt. Wer eine 6 würfelt, zieht sich schnell Schal und Handschuhe an und darf, mit Messer und Gabel als "Werkzeug", so lange Schokolade essen, bis ein anderer Mitspieler eine 6 würfelt. Dann muß er schnell alles ausziehen und seinem Mitspieler geben, der nun seinerseits, warm angezogen, versucht, soviel Schokolade zu essen, bis der nächste eine 6 würfelt.

Günstige Spielerzahl: 6 - 16
Spielrunden: 1

Rätselspiele

Auf den nächsten Seiten finden Sie eine Auswahl von Quizspielen, Tüfteleien und Zaubertricks. Diese Rätselspiele können mit jeder Gruppe nur einmal gespielt werden, jedes Spiel aber solange, bis alle Mitspieler die Lösung erraten oder das System entdeckt haben, nach der das Spiel funktioniert - und das kann manchmal ganz schön lange dauern.

Fangen Sie doch erst einmal an mit dieser Auswahl. Sie werden schnell merken, was für ein Fundus an weiteren Rätselspielen aus der Runde der Teilnehmer kommt.

Detektiv

Ein Freiwilliger setzt sich vor die Gruppe. Diese prägt sich zwei Minuten lang jede Einzelheit dieser Person ein. Dann geht der Freiwillige vor die Tür und verändert sechs möglichst kleine Details an seinem Äußeren. Die Gruppe soll nun raten, was sich verändert hat.

Ein Koffer auf Reisen

Ein "eingeweihter" Spieler beginnt. Er nennt einen Gegenstand für seinen Koffer, der mit dem Anfangsbuchstaben seines Namens beginnt (Vor- oder Nachname).
Reihum packt jeder einen Gegenstand in seinen Koffer. Wer das Prinzip durchschaut hat, verrät es nicht, sondern packt immer wieder neue Gegenstände mit den entsprechenden Buchstaben in seinen Koffer. Wer willkürlich etwas einpackt, was nicht mit dem eigenen Anfangsbuchstaben beginnt, wird von den "Eingeweihten" darauf hingewiesen, daß er diesen Gegenstand nicht mitnehmen darf.
Allmählich durchschauen alle Spieler, was sie einpacken dürfen und was nicht. Damit es zum Schluß nicht zäh wird, kann den Letzten Tips gegeben werden.

Variante: Man kann sich auch ein schwierigeres Prinzip, nach dem der Koffer zu packen ist, überlegen: (1) Der Anfangsbuchstabe des

linken Nachbarn. (2) Mit dem Anfangsbuchstaben des Nachmannes verbindet man den Ort, an den man reist, z.B. Volker Müller packt eine Vespa ein für seinen Urlaub auf Mallorca.

Schere gekreuzt

Spielmaterial: Eine Schere

Alle Spieler sitzen im Kreis (ohne Tisch). Eine Schere wird weitergegeben mit den Worten "geschlossen" oder "offen".

Der Spielleiter bestätigt die Aussage, wenn sie stimmt. Dabei ist nicht die Stellung der Schere ausschlaggebend. Die Lösung liegt in der Haltung der Beine. Wer die Beine übergeschlagen hat, gibt die Schere mit den Worten "geschlossen" weiter. Wer mit beiden Beinen auf dem Boden steht, sagt "offen".

Pferdekauf

Ein Mann kauft für 50,-- DM ein Pferd. Er verkauft es wieder für 60,-- DM. Einen Tag später kauft er sich wieder ein Pferd, diesmal für 70,-- DM und verkauft es abermals, jetzt bekommt er dafür 80,-- DM.
Hat er Gewinn oder Verlust gemacht?

Die Lösung ist so offensichtlich - und doch werden viele stutzig und fangen an zu rechnen, umso mehr, wenn die Geschichte schnell und dramatisch vorgetragen wird.

Chinesische Zahlen

Spielmaterial: Streichhölzer, Zahnstocher

Ein Spieler ist der chinesische Zahlenmeister. Er hat sieben Streichhölzer, die er zu willkürlichen Gebilden auf der Tischplatte formiert.
Er fragt die anderen Mitspieler, welche chinesische Zahl zwischen 1 und 10 auf dem Tisch erkennbar ist. Gleichzeitig zeigt er mit seinen Fingern unbemerkt die vorgegebene Zahl an der Tischkante an.
Die eingeweihten Spieler raten mit und können auch mal die Streichholzgebilde etwas umlegen, damit die Zahl deutlicher zu erkennen ist, um so die anderen noch mehr in die Irre zu führen.

Willi

Der Spielleiter erzählt vom Willi-Fan-Club, bei dem jeder Mitglied werden kann, der die Aufnahmebedingungen erfüllt, nämlich zu wissen, was Willi mag und was er nicht mag. Dazu bringt er auch gleich Beispiele wie: "Willi mag Kompott, aber keine Grütze. Er mag Pudding, aber Eis mag er nicht. Er mag schwimmen, aber überhaupt nicht baden.

Die anderen Spieler, die nun auch Mitglieder des Fan-Clubs werden wollen, können mitraten, was Willi noch alles mag und was er nicht mag. Sobald ein Spieler das System des Rätsels durchschaut hat, wird er in den Club aufgenommen.

Lösung: Willi mag alle Sachen mit Doppelbuchstaben!

Eisbären

Spielmaterial: 3 Würfel

Der Spielleiter erzählt als Einleitung eine kleine Geschichte von den Eisbären in Grönland. Diese Geschichte kann er je nach eigener Kenntnis ausweiten, folgende Grundinformation sollte jedoch gegeben werden, bevor es mit dem Würfeln losgeht:
"In Grönland ernähren sich die Eisbären vorwiegend von Fischen, die sie aus Eislöchern herausholen. Es kann also nur dort ein Eisbär sein, wo auch ein Eisloch ist".
Nun beginnt ein Spieler mit allen 3 Würfeln gleichzeitig zu würfeln. Liegen die Augenzahlen auf dem Tisch, gilt es herauszufinden, wieviele Eisbären um wieviele Eislöcher "auf dem Tisch" liegen. Denn die magischen Würfel geben dazu Auskunft. Wer glaubt zu erkennen, wieviele Eisbären zu sehen sind, gibt seinen Tip ab.

Lösung:

Eislöcher finden Sie auf den Würfeln jeweils bei den ungeraden Zahlen in der Mitte. Um die Mittelpunkte herum liegen die Bären. Das Ergebnis der drei Würfel wird also wie folgt zusammengerechnet:

1 = 1 Loch, kein Bär
2 = kein Loch, kein Bär
3 = 1 Loch, 2 Bären
4 = kein Loch, keine Bären
5 = 1 Loch, 4 Bären
6 = kein Loch, keine Bären.

Noch schwieriger wird es, wenn auch noch die Anzahl der Fische erkannt werden soll: Die ergibt sich durch die Punktzahl auf der Unterseite des Würfels.

Dazu muß man wissen, daß die Augenzahl auf den jeweils gegenüberliegenden Seiten zusammengerechnet immer 7 ergibt.
Es gibt aber nur dann Fische, wenn auch ein Eisloch vorhanden ist, also bei 1, 3 und 5 sind entsprechend 6, 4 oder 2 Fische im Eisloch.

Drudeln

Wohl jeder kennt das Drudel von der Aufsicht auf einen mexikanischen Radfahrer.

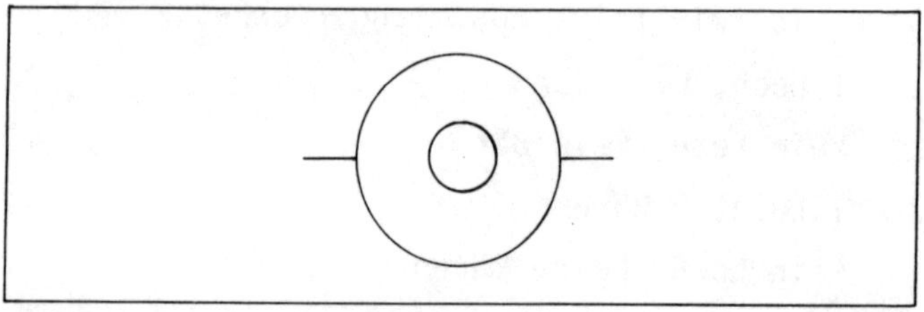

Beim Drudeln können sich alle Spieler solche Bilder und Zeichnungen ausdenken. Die Drudels werden anschließend in die Mitte gelegt und die Spieler können sich dazu mehr oder weniger geistreiche "Lösungen" überlegen.

Noch ein Drudel (von Antoine de Saint-Exupéry)

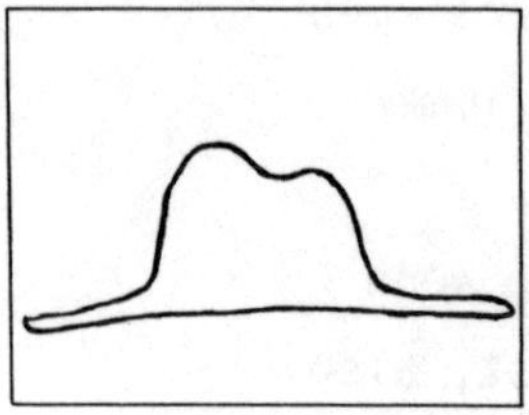

Nein, das ist kein Hut, sondern eine Riesenschlange, die einen Elefanten verschluckt hat.

Schwarze Kunst

Der Zaubermeister und sein Assistent sind ein eingespieltes Team. Um wieder einmal ihre Fähigkeiten unter Beweis zu stellen, verläßt der "Gehilfe" den Raum, während die anderen Spieler sich auf einen Gegenstand einigen, den er herausfinden soll. Der Assistent wird wieder hereingerufen und instruiert, daß er den Gegenstand erraten soll und der Zaubermeister nennt oder zeigt auf Gegenstände im Raum. Der Zaubergehilfe scheint ein Hellseher zu sein: Er verneint bei jedem Gegenstand, auf den der Zauberer zeigt, solange, bis der Zaubermeister auf den "richtigen" Gegenstand zeigt.

Lösung:

Die Lösung liegt bei "schwarz". Der Zaubermeister nennt zunächst Gegenstände, die nicht schwarz sind, bis er irgendwann auf einen schwarzen Gegenstand zeigt. Das ist für den Assistenten das Signal, daß nach diesem Gegenstand der zu erratende folgt.

Natürlich können Zaubermeister und Gehilfe vorher auch andere Vereinbarungen treffen, um ihre "schwarze Kunst" unter Beweis zu stellen

Duftende Stühle

Der Spielleiter stellt drei Stühle in die Mitte. Dann nimmt er sich einen (vorher eingeweihten) Kompagnon. Dieser wird herausgeschickt. Die Spieler wählen einen der drei Stühle aus, den der Kompagnon auf Anhieb erkennen soll, und zwar durch Riechen. Der Kompagnon wird hereingerufen. Wichtig ist, daß der Spielleiter ihn selbst hereinruft, weil die Worte für den Hereingerufenen den Hinweis geben, welchen Stuhl er durch "Riechen" auswählen soll. Lösung des Geheimcodes:

"Kommen" (= ein Wort) bedeutet: der erste Stuhl von links ist es;

"Komm herein" (= zwei Wörter) bedeutet: der mittlere Stuhl wurde ausgewählt;

"Wir sind fertig" (= drei Wörter) bedeutet, es handelt sich um den dritten Stuhl.

Der Kompagnon weiß also schon beim Hereinrufen, welchen Stuhl er erraten soll, läßt sich nichts anmerken und bestimmt dann nach intensiven Nasenproben anhand des Geruchs den richtigen Stuhl.

Ist der Mond rund?

Sie sagen folgenden Spruch auf:

"Der Mond ist rund,
der Mond ist rund,
hat zwei Augen, Nas' und Mund".

Dabei machen Sie entsprechend zum Inhalt eine Zeichnung in die Luft mit der linken Hand. Nun soll jeder Spieler reihum diese Zeichnung und den Text genau nachmachen. Sie sagen jedesmal, ob es richtig ausgeführt war oder nicht.

Lösung:
Die Zeichnung selbst ist einfach, sie darf jedoch nur mit der linken Hand gemacht werden!

Varianten:
Vor Beginn des Textes muß ein "Also" gesagt werden. Oder: Man muß sich erst räuspern.

Kriminales

Die folgenden "Krimi"-Spiele funktionieren alle nach dem gleichen Schema.
Der Spielleiter erzählt mehr oder weniger ausführlich eine Situation.
Die anderen Spieler haben die Aufgabe, durch Fragen, auf die der Spielleiter nur mit JA oder NEIN antworten darf, die dazugehörige Vorgeschichte zu erraten.

Caesar und Kleopatra

Situation:

Nachdem Caesar das Zimmer betreten hatte, machte er sich naß und Kleopatra starb eines qualvollen Todes.

Frage:

Woran starb Kleopatra?

Lösung:

Caesar ist ein Kater. Kleopatra ein Zierfisch. Caesar angelt sich Kleopatra mit der Pfote aus dem Aquarium und ißt sie langsam und genüßlich auf.

Gräfin Marcia

Situation:

Gräfin Marcia erschrak, blieb abrupt stehen und Caruso bricht sich das Genick.

Frage:

Was war passiert?

Lösung:

Gräfin Marcia ist ein Rennpferd. Es bleibt vor dem Hindernis stehen. Caruso ist der Jockey. Er stürzt, als Gräfin Marcia stehenbleibt und bricht sich beim Fall auf das Hindernis sein Genick.

Krimi

Situation:

Ein einzigartiger Mensch betritt sein Hotelzimmer. Er erschrickt, nimmt die Pistole und erschießt sich. Hätte er die Sägespäne gesehen, wäre das nicht passiert.

Frage:

Wer hat sich erschossen und warum?

Lösung:

Der einzigartige Mensch ist der kleinste Liliputaner der Welt. Er erschrickt, weil er glaubt, gewachsen zu sein. Ein Konkurrent hat alle Stuhl- und Tischbeine abgesägt. Hätte der Liliputaner die Sägespäne gesehen, hätte er verstanden, was passiert war.

John und Mary

Situation:
Sie kommen in ein Zimmer. Dort finden Sie John und Mary tot auf dem Boden liegen. Es ist kein Blut zu sehen, jedoch ist der Teppich unter den Verblichenen naß. Außerdem finden Sie auf dem Teppich zerbrochenes Glas. Das Fenster zum Garten steht sperrangelweit offen.

Frage:
Was ist passiert?

Lösung:
John und Mary sind Goldfische. Sie standen in einem Goldfischglas auf dem Tisch in der Nähe des Fensters, das nur angelehnt war. Eine Windböe hat das Fenster aufgedrückt, das Glas wurde dabei vom Fenster heruntergestoßen und zerbrach.

Der Mann im Fahrstuhl

Situation:
Ein Mann wohnt im 24. Stockwerk eines New Yorker Wolkenkratzers. Er hat dort ein Penthouse. Jeden Morgen, wenn er zur Arbeit geht, steigt er in den Fahrstuhl und fährt ins Erdgeschoß. Abends fährt er bis in den 18. Stock und geht die anderen Stockwerke zu Fuß

Frage:
Warum macht er das?

Lösung:
Der Mann ist Liliputaner und reicht nur bis zu dem Knopf für das 18. Stockwerk.

Der nackte Mann im Schnee

Situation:

Es liegt ein nackter Mann tot im Schnee. In seiner rechten Hand befindet sich ein abgebranntes Streichholz.

Frage:

Was ist passiert?

Lösung:

Der Mann war Ballonfahrer, der sich geopfert hatte. Der Ballon verlor an Höhe. Nachdem die vierköpfige Besatzung allen Ballast und selbst die Kleidung abgeworfen hatte, ohne an Höhe zu gewinnen, entschieden sie zu losen: Wer das abgebrannte Streichholz zieht, muß springen. Der tote Mann im Schnee war der Pechvogel.

Tod im Tunnel

Situation:

Ein glücklicher Mann fährt von München zurück in seine Heimat nach Österreich Als der Zug durch einen Tunnel fährt, erschießt er sich. Wäre er in einem Raucherabteil gefahren, wäre das sicher nicht passiert.

Frage:

Warum hat er sich erschossen?

Lösung:

Der Mann war ursprünglich blind. In München unterzog er sich einer Augenoperation. Die Behandlung hatte Erfolg, er konnte wieder sehen und fuhr glücklich nach Hause. Auf dem Heimweg ist er eingeschlafen, ausgerechnet in einem Tunnel ist er wieder aufgewacht. Das Licht funktionierte nicht. Er dachte er sei wieder blind, geriet in Panik und erschoß sich. Wäre er in einem Raucherabteil gewesen, hätte er die glimmenden Zigaretten gesehen.

Register

O

P

R

S

T

U, V

W

XY

Z

Quellenverzeichnis

Birkenbihl, Vera F.: Fragetechnik schnell trainiert, MVG, München, 1988 (S. 137, 140, 141, 142)

Boal, Augusto: Theater der Unterdrückten; Übungen für Schauspieler und Nichtschauspieler, Suhrkamp, Frankfurt, 1989 (S. 2, 4, 25, 27)

Dierichs, Helmes u.a.: Workbook; Ein Methoden-Angebot als Anleitung zum aktiven Gestalten von Lern- und Arbeitsprozessen in Gruppen. Windmühle, Hamburg, 1989 (S. 72, 94)

Fluegelmann, A., Tembeck S.: New Games Bd. 1 und Bd. 2; Ahorn-Verlag, Prien, 1976/85 (S. 13, 18, 21, 24, 26, 73, 115, 121)

Gallagher, Nora: Wohnzimmerspiele DuMont, Köln, 1985 (S. 58, 71, 109)

Gööck, Roland: 347 lustige Gesellschaftsspiele; MVG, München, 1981;
1000 Spiele für drinnen und draußen; Orbis, München, 1989;
(S. 55, 97, 102, 117, 122, 124, 128, 130, 131, 133, 135)

Griesbeck, Josef: Jeder Anfang ist ein Spiel Don Bosco, München, 1989;
Spiele für Party und Fest, Don Bosco, 1987
Werkstattspiele, Don Bosco, 1982
(S. 55, 97, 102, 117, 122, 124, 128, 130, 131, 133, 135)

Heinemann U., Heinrich, B.: Reden - Zuhören - Antworten; Methoden des richtigen Gesprächs für Gruppe und Schule; Pfeiffer, München, 1985 (S. 32, 33)

Huberich, Peter und Ulla: Spiele für die Gruppe; Quelle & Meyer, 1988 (S. 87)

Mergast, P., Uhlenkamp, G.: Gesellschaftsspiele im im Seniorenclub; Don Bosco, München, 1981 (S. 98)

Neue Spiele für Kindergruppen: Spielkartei der Katholischen Jungschar, Linz (S. 53)

Röschmann, Doris: Arbeitskatalog der Übungen und Spiele, Bd. 2; Windmühle GmbH, Hamburg, 1990 (S. 39)

Schmidt, Gerhard: 100 Freizeit-Spiele; Steiger, Solingen, 1989 (S. 85)

Schwarz, Martin: Der spielende Manager; Namokel & Tosch, Mainz, 1987 (S. 3, 13, 15, 74)

Seniorenspiele: Gruppenpädagogische Literatur, Wehrheim, 1976 (S. 57)

Sibler, Riemer, u.a.: Spiele ohne Sieger; Otto Maier, Ravensburg, 1976 (S. 46, 65)

Steuer H., Voigt C.: Das neue RoRoRo Spielebuch; Rowohlt, Reinbek, 1980 (S. 51, 54, 61, 64, 69, 70, 88, 96, 111)

Weber, Hermann: Arbeitskatalog der Übungen und Spiele, Bd. 1; Windmühle, Hamburg, 1986 (S. 28)

Woesler, Dietmar M.: Spiele und Spielfeste Fischer, Frankfurt, 1984 (S. 118)